Klara Kirschbaum

Lernwerkstatt Märchen

Fächerübergreifende Kopiervorlagen für die 2.–4. Klasse

Die Autorin

Klara Kirschbaum studierte in Karlsruhe Lehramt für die Grundschule mit den Fächern Deutsch, Religion und Sachunterricht. Sie absolvierte das Referendariat an einer Grundschule in Köln und arbeitet seitdem in Hamburg. Klara Kirschbaum ist Autorin zahlreicher Lehrwerke.

1. Auflage 2023

AAP Lehrerwelt GmbH
Veritaskai 3
21079 Hamburg
Telefon: +49 (0) 40325083-040
E-Mail: info@lehrerwelt.de
Geschäftsführung: Christian Glaser, Sandra Saghbazarian, Robin Schlenkhoff
USt-ID: DE 173 77 61 42
Register: AG Hamburg HRB/126335

Wir verwenden in unseren Werken eine genderneutrale Sprache. Wenn keine neutrale Formulierung möglich ist, nennen wir die weibliche und die männliche Form. In Fällen, in denen wir aufgrund einer besseren Lesbarkeit nur ein Geschlecht nennen können, achten wir darauf, den unterschiedlichen Geschlechtsidentitäten gleichermaßen gerecht zu werden.

Autorschaft: Klara Kirschbaum
Covergestaltung: TSA&B Werbeagentur GmbH, Hamburg
Coverillustration: Katharina Reichert-Scarborough
Illustrationen: Barbara Gerth, Katharina Reichert-Scarborough, Corina Beurenmeister, Anke Fröhlich, Fides Friedeberg, Elisabeth Lottermoser, Charlotte Wagner, Alexandra Hanneforth, Julia Flasche, Steffen Jaehde, Satzpunkt Ursula Ewert GmbH, teilweise Bearbeitungen durch Redaktion Grundschule
Satz: Satzpunkt Ursula Ewert GmbH, Bayreuth
Druck und Bindung: Korrekt Nyomdaipari Kft., Budapest

ISBN: 978-3-403-20898-3
www.persen.de

Inhaltsverzeichnis

Vorwort

„Der böse Wolf", „Dornröschen", „Der gestiefelte Kater": Kinder lieben Märchen und die fremden Welten und Wesen faszinieren sie seit jeher. Beim Lesen und Hören von Märchen entstehen unendlich viele Bilder in den Köpfen der Schülerinnen und Schüler und die Geschichten sind zugleich Wertevermittler sowie Mutmacher, denn hier siegt das Gute über das Böse!

Mit diesen Unterrichtsideen bekommen sie märchenhaften Arbeitsblätter an die Hand: Die Kinder lesen und schreiben Märchenwörter, arbeiten die besonderen Textmerkmale heraus, lesen bekannte Märchen, verändern Texte und werden selbst zu Märchenerfinderinnen und -erfindern. Sie lösen Rätsel, erarbeiten Klänge zu einem Märchen und basteln verschiedene Märchenelemente. Die Märchentexte liegen in stark gekürzter Form vor, sodass sie von den Kindern eigenständig gelesen werden können.

Hinweise zum Umgang mit den Materialien

Die Materialien der Lernwerkstatt „Märchen" sind fächerübergreifend einetzbar. Neben dem Deutschunterricht kann das Thema auch im Mathematik-, Sach-, Englisch-, Kunst- und Musikunterricht behandelt werden. Dies ermöglicht einen vielfältigen Zugang zum Lernfeld „Märchen".

Eine Übersicht (s. „Einsatzmöglichkeiten nach Klassenstufen") zeigt, in welchen Schuljahren die jeweiligen Arbeitsblätter einzuordnen sind. Diese ist unterteilt in die Klassenstufen 1/2 und 3/4.

Die Unterteilung in die jeweiligen Stufen ist jedoch nur als Vorschlag zu betrachten. So können leistungsstarke Kinder auch Arbeitsblätter der höheren Stufen, leistungsschwache Kinder Materialien der niedrigeren Stufen bearbeiten. Dies schafft eine Differenzierung, die vor allem im Zuge der Inklusion allen Schülerinnen und Schülern einen Zugang ermöglicht. Bei einigen Arbeitsblättern schafft zudem eine Zusatzaufgabe „Für Profis" eine weitere Differenzierung.

Die Materialien können in Einzel-, Partner- oder Gruppenarbeit bearbeitet werden. Durch die Lösungsseiten wird eine selbstständige Arbeit und Kontrolle ermöglicht.

Einsatzmöglichkeiten nach Klassenstufen

Fach	Arbeitsblatt	Inhalt	Klasse 1/2	Klasse 3/4	Lösung
Deutsch	Schwunghafte Wörter	Silben schwingen und Silbenbögen einzeichnen	x		x
	Welches Wort passt?	Wörter lesen und passende zum Bild ankreuzen	x		x
	Lesemalbilder	lesen und nach Anweisung malen	x		
	Märchenwörter	Wörter schreiben	x		x
	Was passiert hier?	Sätze zu Bildern schreiben	x		x
	Märchendomino	Märchentitel lesen und passenden Bildern zuordnen	x		x
	Mein eigenes Märchen	Märchen nach Vorgaben/Märchen-merkmalen schreiben	x		
	Wortarten untersuchen	Märchenausschnitt lesen und Nomen, Verben sowie Adjektive markieren	x		x
	Wer bin ich?	Sätze zu einer Märchenfigur lesen und diese benennen	x		x
	Märchenhafte Schlangensätze	Wortgrenzen erkennen und markieren	x		x
	Das ist typisch!	Märchenmerkmale sortieren		x	x
	Musikantenpuzzle	Märchenpuzzleteile richtig zusammen-setzen		x	x
	Leseleporello	Auszüge aus Märchen lesen und passenden Bildern zuordnen		x	x
	Märchenhafte SMS	ein Märchen zusammenfassen		x	
	Gesucht wird …	Märchenfiguren genau beschreiben		x	
	Alles durcheinander	Textstreifen sortieren		x	x
	Gestern und heute	Märchen in Präsens umschreiben		x	x
	Was stimmt hier nicht?	Leseverständnis; unpassende Wörter aus einem Märchen streichen		x	x
	Richtig oder falsch?	Leseverständnis; Fragen zum Märchen beantworten		x	x
	Wer ist schlau?	Märchen aus einer anderen Kultur kennenlernen		x	x
Mathematik	Eine Menge Märchengegenstände	zählen und bündeln	x		x
	Märchen-Punk-zu-Punkt-Bild	Addition im ZR bis 20	x		x
	Sterne am Himmel	Subtraktion im ZR bis 20	x		x
	Spiegelrätsel	Spiegelbilder erkennen	x		x
	Keine halben Sachen	Gegenstände spiegeln	x		x
	Ein neuer Umhang für Rotkäppchen	Kombinatorik	x		
	Erbsen und Lebkuchen	Addition und Subtraktion im ZR bis 100	x		x
	Von Sack zu Sack	Multiplikation und Division im ZR bis 100	x		x
	Hans kauft ein	rechnen mit Geld		x	
	Im Zwergenstollen	Zahlenmauern; Addition und Subtraktion im ZR bis 1000		x	x

Fach	Arbeitsblatt	Inhalt	Klasse 1/2	Klasse 3/4	Lösung
Sachunterricht	Tierlesekarten (inkl. Tiersteckbrief)	Texte zu Wolf, Bär, Katze, Ziege, Fuchs und Frosch lesen und einen Steckbrief ausfüllen		x	
	Brüder Grimm	einen Sachtext lesen und ein Kreuzworträtsel lösen		x	x
	Christian Andersen	einen Sachtext lesen und Fragen dazu beantworten		x	x
	Die Menschen auf einer Burg	Bänderrätsel mit Lesetext zum Leben auf einer Burg im Mittelalter		x	x
	Leben auf der Burg	Kreuzworträtsel zum Leben auf einer Burg im Mittelalter		x	x
	Teile einer Burg	Bilder, Namen und Texte zu den Teilen einer Burg verbinden		x	x
	Die Ritterrüstung	Teile der Ritterrüstung beschriften		x	x
Englisch	Fairy tale domino	Wörter und Bilder passend anlegen		x	x
	Which word is it?	passende Wörter zu Bildern auswählen		x	x
	Paint Cinderella`s shoe	Bilder nach Farbvorgaben ausmalen		x	
	Crosswords puzzle	Rätsel mit Märchenwörtern		x	x
	Fairy tale words	Wörter verbinden und ergänzen		x	x
	Frog logical	Logikrätsel		x	x
Kunst	Schattentheater basteln	Basteln	x	x	
	Froschkönig aus Zeitungspapier	Basteln	x	x	
	Matratzenturm aus Stoff	Basteln	x	x	
	Gestiefelter Kater aus Glas	Basteln	x	x	
	Frosch aus Papier	Falten, Origami	x	x	
Musik	Klanggeschichte der kleinen Meerjungfrau	Märchen mit Klängen untermalen	x	x	
	Hänsel und Gretel zum Mitsingen	Text und Noten	x	x	

Schwunghafte Wörter

Zeichne die Silbenbögen.

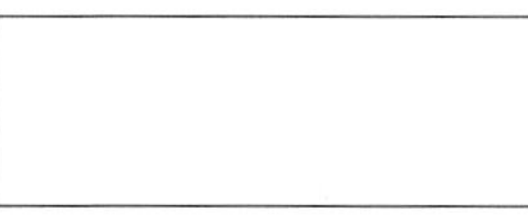

Welches Wort passt?

Kreuze an.

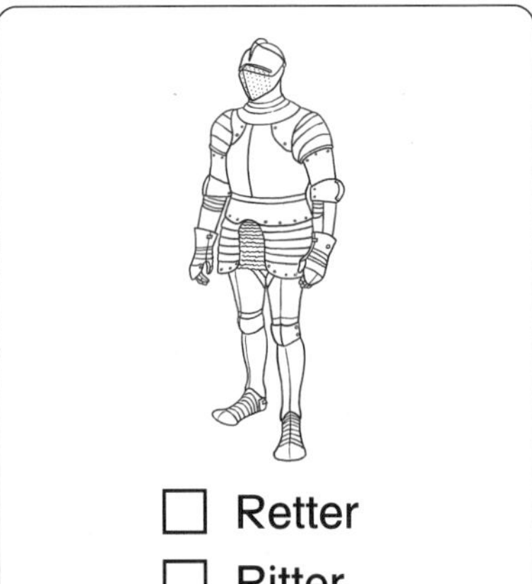

- ☐ Retter
- ☐ Ritter
- ☐ Riller
- ☐ Riffer

- ☐ Rapunset
- ☐ Rapumsel
- ☐ Raqunzel
- ☐ Rapunzel

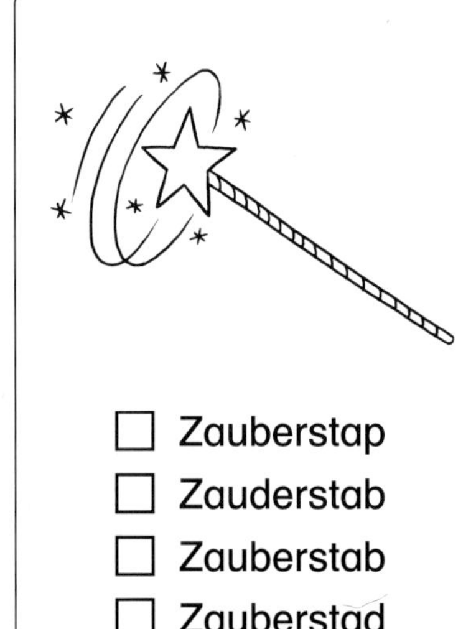

- ☐ Zauberstap
- ☐ Zauderstab
- ☐ Zauberstab
- ☐ Zauberstad

- ☐ Stadtmusganten
- ☐ Stadtmusikanten
- ☐ Stabtmusikanten
- ☐ Stadtmusitanten

- ☐ Spiegel
- ☐ Spieqel
- ☐ Spieget
- ☐ Spiegef

- ☐ Stermtaler
- ☐ Sterntafer
- ☐ Sternmaler
- ☐ Sterntaler

- ☐ Rutsche
- ☐ Putsche
- ☐ Kulsche
- ☐ Kutsche

- ☐ König
- ☐ Königin
- ☐ Köniqin
- ☐ Konigin

Lesemalbilder

① **Lies den Text unter den Rahmen und male die Bilder.**

einen grünen, einen gelben und einen blauen Zauberstab

eine Schatztruhe

ein Paar rote Stiefel

Rotkäppchen mit Korb

② **Hallo! Ich bin die kleine Meerjungfrau …**
Male mich farbig an und ergänze die Dinge, die noch fehlen:

- ☐ Meine Flossen schimmern hellgrün und dunkelgrün.
- ☐ Mein Oberteil ist lila.
- ☐ Meine Haare sind leuchtend rot.
- ☐ Auf dem Kopf trage ich eine goldene Krone.
- ☐ Ich sitze auf einem grauen Stein.
- ☐ Immer bei mir ist mein Freund, die Krabbe.
- ☐ Sie ist orange.
- ☐ Auch nicht fehlen darf mein Freund, der Fisch.
- ☐ Er ist gelb mit blauen Streifen.

Märchenwörter

Schreibe die passenden Wörter zu den Bildern auf.

Märchenorte:

Sprechende Tiere:

Märchengegenstände:

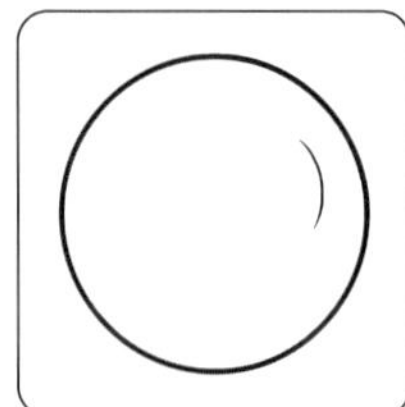

Märchenfiguren:

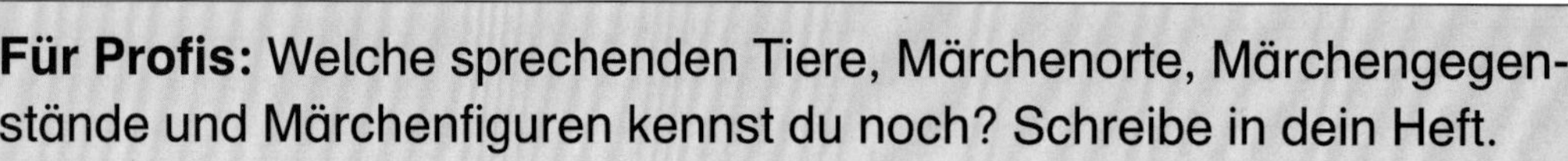

Für Profis: Welche sprechenden Tiere, Märchenorte, Märchengegenstände und Märchenfiguren kennst du noch? Schreibe in dein Heft.

Was passiert hier?

Schreibe zu jedem Bild einen Satz.

Märchendomino

① **Schneide die Dominokarten aus.**

② **Klebe sie in der richtigen Reihenfolge in dein Heft oder spiele das Domino damit.**

Frau Holle	 Dornröschen 
Der Wolf und die sieben Geißlein	 Die kleine Meerjungfrau 
Start	 Rotkäppchen 
Die Prinzessin auf der Erbse	 Rumpelstilzchen 
Hänsel und Gretel	 Schneewittchen und die sieben Zwerge **Ende**
Die Sterntaler	 Aschenputtel 

Mein eigenes Märchen

① **Überlege dir ein eigenes Märchen. Befolge dafür die Anleitung.**
② **Schreibe das Märchen in dein Heft.**
③ **Male ein passendes Bild dazu.**

Du brauchst:

- einen Märchenort

  Schloss | Turm | Wald | Brunnen | Burg | Hütte | Haus

- Märchenfiguren

  Königin | König | Prinzessin | Prinz | Hexe | Fee | Großmutter | Mädchen | Junge | Zwerg | Ritter

- sprechende Tiere

  Kater | Maus | Fuchs | Bär | Wolf | Ziege | Esel | Hund | Hahn | Frosch | Hase | Igel

- Gegensätze

  arm und reich | schlau und dumm | fleißig und faul | gut und böse | tapfer und feige

- einen magischen Gegenstand

  Spindel | Kugel | Apfel | Spiegel | Gürtel | Krone | Gold | Feder | Kürbis

- eine magische Zahl

  3 | 7 | 12 | 13

- einen Märchenanfang: Es war einmal …
- ein Märchenende: Und wenn sie nicht gestorben sind, dann leben sie noch heute.
- eine Überschrift

Anleitung:

Wenn du alle Zutaten beisammen hast, mixe sie gut durch.

Starte das Märchen mit einer Überschrift und dem Märchenanfang.

Beschreibe eine Handlung in logischer Reihenfolge.
Bringe all deine Zutaten unter.

Um das Märchen zu beenden, nimmst du nun dein Märchenende und schreibst es als letzten Satz.

Wortarten untersuchen

① **Lies das Märchen „Der süße Brei“.**

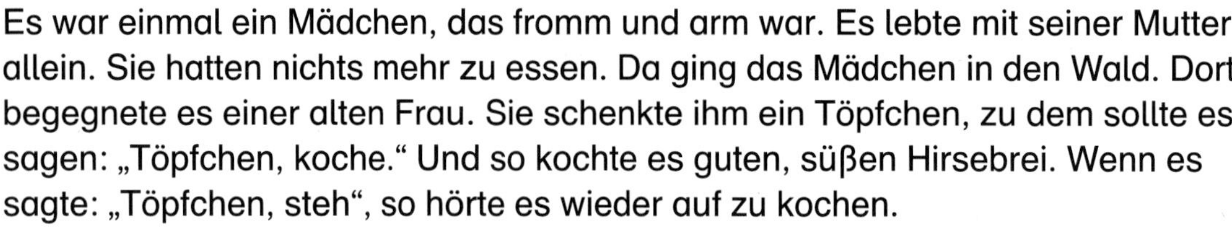

Der süße Brei

(Brüder Grimm)

Es war einmal ein Mädchen, das fromm und arm war. Es lebte mit seiner Mutter allein. Sie hatten nichts mehr zu essen. Da ging das Mädchen in den Wald. Dort begegnete es einer alten Frau. Sie schenkte ihm ein Töpfchen, zu dem sollte es sagen: „Töpfchen, koche.“ Und so kochte es guten, süßen Hirsebrei. Wenn es sagte: „Töpfchen, steh“, so hörte es wieder auf zu kochen.

Als das Mädchen ausgegangen war, brachte die Mutter den Topf zum Kochen. Da sie nicht wusste, wie sie das Töpfchen wieder stoppen konnte, kochte der Brei über den Rand hinaus. Er kochte weiter, bis fast alle Häuser von Brei bedeckt waren. Als das Mädchen zurückkam, sprach es: „Töpfchen, steh.“ Wer nun in die Stadt wollte, musste sich durchessen.

② **Unterstreiche alle Nomen (Namenwörter) rot und schreibe sie auf.**

③ **Unterstreiche alle Verben (Tunwörter) grün und schreibe mindestens fünf Verben aus dem ersten Absatz mit der Grundform auf:**

④ **Unterstreiche alle Adjektive (Wiewörter) gelb.**

Wer bin ich?

① **Lies die Sätze. Kennst du die Märchenfiguren?**
② **Schreibe ihre Namen.**

12 weise Frauen wurden zu meiner Geburt eingeladen. Die 13. weise Frau, die nicht eingeladen wurde, wollte sich rächen. Ich sollte mich mit 16 Jahren an einer Spindel stechen und lange schlafen. Wer bin ich?

Meine sechs Geschwister wurden vom bösen Wolf gefressen, als unsere Mutter nicht zu Hause war. Ich habe überlebt, weil ich mich in einer Standuhr versteckt habe. Wer bin ich?

Ich bin in einem Turm eingesperrt. Mein langes, blondes Haar habe ich zu einem kräftigen Zopf geflochten. An ihm kann man hinaufklettern. Wer bin ich?

Mein Herr wollte mich töten, weil ich zu alt geworden bin. Mit ein paar anderen Tieren wollte ich nach Bremen und Musikant werden. Um die Räuber zu verjagen, flog ich auf den Kopf der Katze. Wer bin ich?

Meine Stiefmutter wollte mich mit einem Apfel vergiften. Meine Haut ist weiß wie Schnee, meine Lippen rot wie Blut und meine Haare schwarz wie Ebenholz. Wer bin ich?

Märchenhafte Schlangensätze

Alle Wörter sind zusammengeschrieben.

① Trenne die Wörter mit Strichen ab.
② Schreibe die Sätze richtig ab.

IchbinsosattichmagkeinBlatt!

GroßmutterwashastdufürgroßeOhren?

ÜbermorgenholeichderKöniginihrKind!

WeristdieSchönsteimganzenLand?

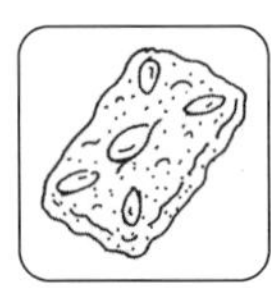

WerknuspertanmeinemHäuschen?

Das ist typisch!

① **Schneide die Wortkarten aus.**
② **Sortiere die Wörter in die Tabelle ein.**

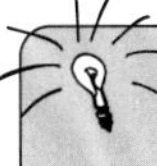

Für Profis: Fallen dir auch besondere Gegenstände ein, die typischerweise in Märchen vorkommen? Schreibe sie in dein Heft. Male passende Bilder dazu.

Anfang und Ende	Held	Orte	Figuren	Gegensätze

Schloss	bekommt schwere Aufgaben oder muss Rätsel lösen	schlau und dumm	Brunnen	kämpft gegen das Böse
Hexe	Prinz/Prinzessin und König/Königin	sprechende Tiere	Und wenn sie nicht gestorben sind, dann leben sie noch heute.	Wald
weiß oft am Anfang nicht, dass er ein Held ist	Es war einmal …	arm und reich	gut und böse	Das Märchen endet immer gut.

Musikantenpuzzle

① Schneide die Puzzleteile aus.
② Setze den Text richtig zusammen.
③ Klebe die Teile auf ein Blatt Papier oder in dein Heft.
④ Lies das Märchen.

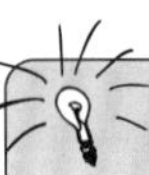

Für Profis: Erzähle das Märchen einem anderen Kind.

Die Bremer
(Brüder Grimm)
Hahn, Katze, H
nützlich, da sie
Da entschieden
um dort Stadtm
jedoch nicht ar
die Nacht, sah
saßen Räuber
hungrig und

erfüßen auf das
Esels. Die Katze
den Kopf der Kat
u machen: Der Ese
d der Hahn krähte
be. Die Räuber ers
zurückkehrten, s
es den Tieren

und überlegte
sich mit den Vord
f den Rücken des
der Hahn flog au
nnen sie, Musik z
e Katze miaute ur
enster in die Stu
n. Als die Räuber
sie zu verjagen. Do
sie dort.

en für ihre Besitze
Sie sollten getöte
nsam nach Brem
den. Die vier erre
er Suche nach eir
e beleuchtete Hüt
deckten Tisch. Di
ich, die

e Tiere waren
te. In der Hütte
nem Platz für
ichten Bremen
en zu gehen,
t werden.
er nicht mehr

Der Esel stellte
Hund sprang a
den Hund und
Zeichen bega
Hund bellte, di
sie durch das F
und liefen dav
vier es erneut
gefiel, bleiben

r zu verjagen
Fenster, der
kletterte auf
ze. Auf ein
l schrie, der
So stürzten
chraken sich
chafften die
in der Hütte gut

Stadtmusikanten
und und Esel wa
schon alt waren
die Tiere, geme
usikanten zu wer
einem Tag. Auf d
en sie im Wald ein
an einem reich ge

Leseleporello

① **Schneide die Karten aus.**

② **Klebe sie in der richtigen Reihenfolge zusammen.**

„Hier hast du eine Flasche Wein und einen Kuchen. Bring das zur Großmutter.“		Klebefläche
„Wir machen nicht auf! Du bist nicht unsere Mutter. Sie hat eine liebliche und feine Stimme, deine Stimme ist rau. Du bist der Wolf!“	**Ende**	
Märchen		Klebefläche
„Heute back ich, morgen brau ich, übermorgen hol ich der Königin ihr Kind!“		Klebefläche
Und als es dort stand und gar nichts mehr hatte, fielen die Sterne vom Himmel.		Klebefläche
„Knusper, knusper, knäuschen, wer knuspert an meinem Häuschen?“		Klebefläche

Märchenhafte SMS

① **Lies das Märchen.**

Schneeweißchen und Rosenrot

(Brüder Grimm)

Es war einmal eine arme Witwe. Sie lebte mit ihren Töchtern in einem kleinen Haus im Wald. Im Garten standen zwei Rosenbäume, ein weißer und ein roter. Daher nannte sie ihre Töchter Schneeweißchen und Rosenrot. Die Schwestern waren liebenswürdig zu ihrer Mutter und den Waldtieren. Der Mutter halfen sie, wo sie nur konnten, und die Tiere waren ihre Freunde. Eines Abends im Winter klopfte es an der Tür. Rosenrot öffnete sie und erschrak: Dort stand ein Bär. Er sprach: „Habt keine Angst, ich suche nur Schutz vor der Kälte." Sie ließen den Bären hinein und freundeten sich mit ihm an. Als er im Sommer ging, waren sie traurig. Kurze Zeit später hörten sie im Garten ein Gezeter. Sie entdeckten einen Zwerg, der sich mit seinem Bart verfangen hatte. Sie schnitten ein Stück des Barts ab, um ihn zu befreien. Da zeterte der Zwerg noch mehr. Sie sahen ihn daraufhin immer wieder und befreiten ihn aus verschiedenen Situationen. Das letzte Mal trafen sie ihn, als er über Edelsteine gebeugt war. Da erschien ihr Freund der Bär. Der Zwerg hatte Angst und rief: „Friss die Mädchen!" Der Bär aber tötete den Zwerg. Da fiel das Bärenfell von ihm ab und es erschien ein Prinz. Der Zwerg hatte ihn verzaubert. Der Prinz heiratete Schneeweißchen und Rosenrot seinen Bruder. Alle lebten glücklich zusammen mit der Mutter im Palast.

② **Schreibe eine kurze Zusammenfassung des Märchens als SMS.**

Gesucht wird …

① **Schau dir die Märchenfiguren an und suche dir eine davon aus.**

② **Was weißt du über die Figur?**
Beschreibe sie ganz genau. Du kannst Aussehen, Eigenschaften oder die Erlebnisse beschreiben, die sie ausmachen.

③ **Lies einem anderen Kind deine Beschreibung vor.**
Wird die Märchenfigur erraten?

Alles durcheinander

ABC

Das Märchen ist durcheinandergeraten.

① Schneide die Textstreifen aus.
② Klebe sie in der richtigen Reihenfolge in dein Heft, dann ergibt sich eine Form daraus.

spielte sie am Brunnen mit ihrer goldenen Kugel. Plötzlich fiel ihr die Kugel in den Brunnen. Sie war traurig …

sagte seiner Tochter, sie müsse ihr Versprechen halten. Sie ließ ihn an den Tisch und von ihrem Teller essen. Als er in ihrem Bett schlafen wollte, …

die Prinzessin teure Kleider, Schmuck und die Krone, die sie trug. Der Frosch aber wollte ihr Spielkamerad sein. Er wollte neben ihr am Tisch …

Es war einmal ein König. Er hatte drei Töchter. Die jüngste war die schönste und sanfteste. An einem Tag im Sommer …

sitzen, von ihrem Teller essen und in ihrem Bett schlafen. Die Prinzessin versprach es und er holte ihr die Kugel. Sie freute sich so, …

Sie heirateten und lebten im Reich des Prinzen.

wurde sie wütend und warf ihn gegen die Wand. Als er herabfiel, verwandelte er sich in einen Prinzen. Er war von einer Hexe verwandelt worden …

Der Froschkönig
(Brüder Grimm)

und weinte. Da steckte ein Frosch den Kopf aus dem Wasser. Er bot ihr an, die Kugel zu holen. Er fragte: „Was gibst du mir dafür?“ Da versprach …

dass sie den Frosch vergaß und alleine ins Schloss zurückkehrte. Am nächsten Tag klopfte es an der Tür und der Frosch kam herein. Der König …

Gestern und heute

Es war einmal … Märchen sind in der Vergangenheit (Präteritum) geschrieben.

① **Lies den Auszug aus dem Märchen.**

Rapunzel
(Brüder Grimm)

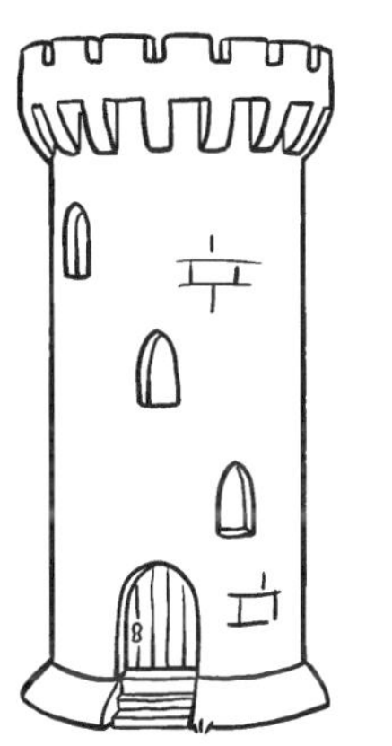

Schon lange wünschten sich der Mann und die Frau ein Kind. Endlich war die Frau schwanger. Sie konnte aus ihrem Fenster in einen wunderschönen Garten schauen. Er war von einer Mauer umgeben. Der Garten war voll mit den schönsten Kräutern und Blumen. Niemand wagte sich in den Garten hinein, weil er einer Zauberin gehörte. Sie hatte große Macht und wurde von allen gefürchtet. Eines Tages stand die Frau wieder am Fenster. Da entdeckte sie ein Beet mit schönen Rapunzeln. …

② **Schreibe den Märchenauszug in der Gegenwart (Präsens).**

Was stimmt hier nicht?

① **Lies das Märchen.**
② **Welche Wörter passen?**
③ **Male sie an.**

Die Sterntaler
(Brüder Grimm)

Es war einmal ein kleines Mädchen | Junge, dessen Tante | Mutter und Vater gestorben waren. Es war so arm | reich, dass es kein Kämmerchen | Kuchen mehr hatte, um darin zu wohnen. Es hatte kein Fahrrad | Bettchen mehr, um darin zu schlafen, und nichts mehr als die Kleider, die es am Leib | Koffer trug, sowie ein Stückchen Brot | Bäcker in der Hand. Das Mädchen war aber fromm und gut. Es ging im Vertrauen auf Gott hinaus ins | unters Feld. Dort begegnete ihm ein alter Mann | Junge. Er sprach: „Gib mir etwas zu essen, ich bin so hungrig." Da reichte ihm das Mädchen das Stückchen Fisch | Brot und ging weiter. Da begegneten dem Mädchen Kinder, die froren, und es gab ihnen seine Matratze | Mütze, das Leibchen, das Hemdlein | Heft und das Röcklein. Und wie es so stand und gar nichts mehr besaß, da fielen auf einmal die Sonnen | Sterne vom Himmel. Und es waren lauter blanke Taler | Tassen. Und obwohl es sein Hemdlein weggegeben hatte, hatte es ein neues an und es war reich für sein Leben lang.

④ **Schreibe die falschen Wörter auf.**

____

____

⑤ **Welche Wörter haben mit dem Märchen zu tun? Kreuze an.**

- ☐ Himmel
- ☐ Ziege
- ☐ Hemdlein
- ☐ Wolf
- ☐ Vertrauen
- ☐ Rock

Richtig oder falsch?

① **Lies das Märchen.**

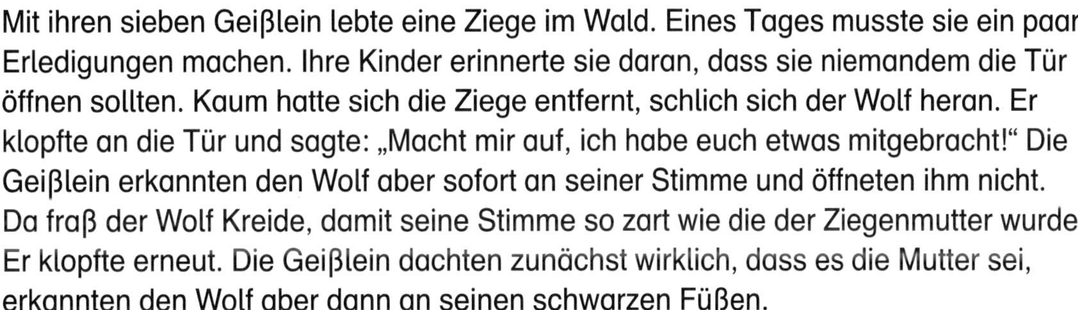

Der Wolf und die sieben jungen Geißlein
(Brüder Grimm)

Mit ihren sieben Geißlein lebte eine Ziege im Wald. Eines Tages musste sie ein paar Erledigungen machen. Ihre Kinder erinnerte sie daran, dass sie niemandem die Tür öffnen sollten. Kaum hatte sich die Ziege entfernt, schlich sich der Wolf heran. Er klopfte an die Tür und sagte: „Macht mir auf, ich habe euch etwas mitgebracht!“ Die Geißlein erkannten den Wolf aber sofort an seiner Stimme und öffneten ihm nicht. Da fraß der Wolf Kreide, damit seine Stimme so zart wie die der Ziegenmutter wurde. Er klopfte erneut. Die Geißlein dachten zunächst wirklich, dass es die Mutter sei, erkannten den Wolf aber dann an seinen schwarzen Füßen.

Da hatte der Wolf eine Idee: Er kippte sich Mehl über seine Füße, damit sie weiß wurden. Dann klopfte er ein drittes Mal. Als er seine weiße Pfote zeigte, öffneten die Geißlein. Sofort stürmte der Wolf ins Haus und fraß sechs Geißlein. Das siebte hatte sich aber in der Standuhr versteckt. Später legte sich der Wolf in den Garten und schlief ein.

Als die Mutter nach Hause kam, erzählte das siebte Geißlein von dem Unglück. Die Mutter holte schnell ihr Nähzeug und öffnete den Bauch des Wolfes, während dieser noch schlief. Glücklich hüpften die sechs Geißlein heraus. Sie sammelten Steine und die Mutter nähte sie in den Bauch des Wolfes ein. Als der Wolf erwachte und zum Trinken an den Brunnen ging, fiel er hinein und ertrank.

② **Richtig oder falsch? Kreuze an.**

	richtig	falsch
Kaum hat sich die Ziege entfernt, schlich sich der Fuchs heran.		
Der Wolf fraß Kreide, damit seine Stimme so zart wurde wie die der Ziegenmutter.		
Der Wolf kippte sich Farbe über seine Füße, damit sie weiß wurden.		
Der Wolf stürmte ins Haus und fraß die sieben Geißlein.		
Ein Geißlein hatte sich in der Standuhr versteckt.		
Als der Wolf schlief, befreite die Mutter die sechs Geißlein.		
Die Geißlein sammelten Hölzer und die Mutter nähte sie in den Bauch des Wolfes ein.		
Als der Wolf am Brunnen trinken wollte, fiel er hinein und ertrank.		

Für Profis: Stelle die falschen Aussagen richtig. Schreibe in dein Heft.

Wer ist schlau?

① **Lies das Märchen.**

Die Antilope und die Schildkröte
(Südafrika)

Einmal stritt eine Schildkröte mit einer Antilope darüber, wer von ihnen schneller sei. Sie verabredeten sich für den folgenden Tag zu einem Wettrennen. Die Schildkröte ging bereits in der Nacht los, um einige andere Schildkröten um sich zu scharen. Sie sollten ihr helfen. Eine Schildkröte nach der anderen stellte sich entlang der Rennstrecke auf – verborgen im Gras.
Am nächsten Tag startete der Wettlauf. Die Antilope schoss davon. Kurz darauf hielt sie an und rief: „Ich habe dich geschlagen!" Da erwiderte die Schildkröte, die als nächste vor der Antilope war: „Nein, du hast mich nicht geschlagen. Ich bin hier."
So stürmte die Antilope wieder davon. Als sie ein Stück weiter anhielt, fragte sie: „Wo bist du jetzt?" Eine andere Schildkröte vor ihr rief: „Ich bin hier!" Die Antilope lief aus Leibeskräften und jedes Mal antwortete ihr eine andere Schildkröte, wenn sie fragte. Sie lief und lief, bis sie vor Erschöpfung umfiel. Noch heute glaubt sie, dass die Schildkröte ihr im Laufen überlegen ist.

② **Welche Aussage ist richtig? Kreuze an.**

- ☐ Die Schildkröte und die Antilope stritten darüber, wer besser schwimmen kann.
- ☐ Die Schildkröte und die Antilope stritten darüber, wer schneller laufen kann.
- ☐ Die Schildkröte und die Antilope stritten darüber, wer besser klettern kann.

Die Schildkröte übertrifft die Antilope in …

☐ Witzigkeit ☐ Schnelligkeit ☐ Klugheit

③ **Beantworte die Fragen.**

Was macht die Schildkröte in der Nacht vor dem Wettlauf?

____

____

Wann ist der Wettlauf zu Ende?

____

____

Lösungen Deutsch

Schwunghafte Wörter

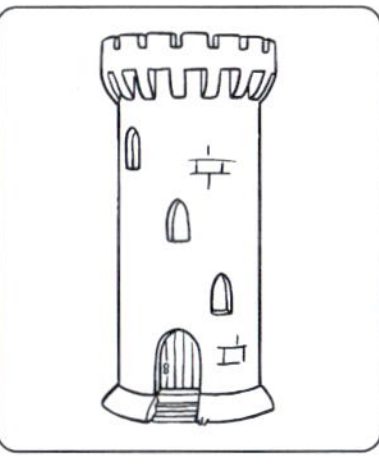

Welches Wort passt?

- ☐ Retter
- ☒ Ritter
- ☐ Riller
- ☐ Riffer

- ☐ Rapunset
- ☐ Rapumsel
- ☐ Raqunzel
- ☒ Rapunzel

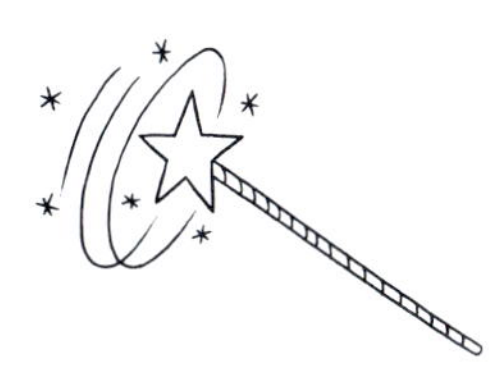

- ☐ Zauberstap
- ☐ Zauderstab
- ☒ Zauberstab
- ☐ Zauberstad

- ☐ Stadtmusganten
- ☒ Stadtmusikanten
- ☐ Stabtmusikanten
- ☐ Stadtmusitanten

- ☒ Spiegel
- ☐ Spieqel
- ☐ Spieget
- ☐ Spiegef

- ☐ Sterntaler
- ☐ Sterntafer
- ☐ Sternmaler
- ☒ Sterntaler

- ☐ Rutsche
- ☐ Putsche
- ☐ Kulsche
- ☒ Kutsche

- ☐ König
- ☒ Königin
- ☐ Köniqin
- ☐ Konigin

Lösungen Deutsch

Märchenwörter

Märchenorte:		Sprechende Tiere:		Märchengegenstände:		Märchenfiguren:	
	Schloss		Kater		Spindel		Prinzessin
	Brunnen		Frosch	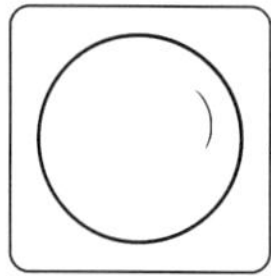	Kugel		Hexe
	Wald		Wolf		Spiegel		Großmutter

Was passiert hier?

Hänsel und Gretel entdecken das Lebkuchenhaus.

Die Prinzessin wirft den Frosch gegen die Wand.

Die Bremer Stadtmusikanten stellen sich aufeinander, um die Räuber zu verjagen.

Rumpelstilzchen tanzt um ein Feuer.

Rapunzel lässt ihr Haar herunter.

Der Wolf liegt als Großmutter verkleidet im Bett und Rotkäppchen kommt zu Besuch.

Lösungen Deutsch

Märchendomino

Start	Dornröschen	Hänsel und Gretel
Frau Holle	Rumpelstilzchen	Die Sterntaler
Die kleine Meerjungfrau	Aschenputtel	Der Wolf und die sieben Geißlein
Rotkäppchen	Die Prinzessin auf der Erbse	Schneewittchen und die sieben Zwerge **Ende**

Wortarten untersuchen

② **Unterstreiche alle Nomen (Namenwörter) rot und schreibe sie auf.**
Brei, Brüder, Grimm, Mädchen, Mutter, Wald, Frau, Töpfchen, Hirsebrei, Topf, Rand, Häuser, Stadt

③ **Unterstreiche alle Verben (Tunwörter) grün und schreibe mindestens fünf Verben aus dem ersten Absatz mit der Grundform auf:**
war (sein), lebte (leben), hatten (haben), essen (essen), ging (gehen), begegnete (begegnen), schenkte (schenken), sagen (sagen), koche (kochen), kochte (kochen), sagte (sagen), steh (stehen), hörte auf (aufhören), kochen (kochen)

④ **Unterstreiche alle Adjektive (Wiewörter) gelb.**
fromm, arm, allein, alten, guten, süßen

Wer bin ich?

Dornröschen
Das siebte Geißlein
Rapunzel
Hahn
Schneewittchen

Märchenhafte Schlangensätze

Ich bin so satt, ich mag kein Blatt!
Großmutter, was hast du für große Ohren?
Übermorgen hole ich der Königin ihr Kind!
Wer ist die Schönste im ganzen Land?
Wer knuspert an meinem Häuschen?

Lösungen Deutsch

Das ist typisch!

Anfang und Ende	Held	Orte	Figuren	Gegensätze
Es war einmal …	kämpft gegen das Böse	Schloss	sprechende Tiere	gut und böse
Und wenn sie nicht gestorben sind, dann leben sie noch heute.	weiß oft am Anfang nicht, dass er ein Held ist	Wald	Prinz/Prinzessin und König/Königin	schlau und dumm
Das Märchen endet immer gut.	bekommt schwere Aufgaben oder muss Rätsel lösen	Brunnen	Hexe	arm und reich

Musikantenpuzzle

Die Bremer Stadtmusikanten

(Brüder Grimm)

Hahn, Katze, Hund und Esel waren für ihre Besitzer nicht mehr nützlich, da sie schon alt waren. Sie sollten getötet werden. Da entschieden die Tiere, gemeinsam nach Bremen zu gehen, um dort Stadtmusikanten zu werden. Die vier erreichten Bremen jedoch nicht an einem Tag. Auf der Suche nach einem Platz für die Nacht, sahen sie im Wald eine beleuchtete Hütte. In der Hütte saßen Räuber an einem reich gedeckten Tisch. Die Tiere waren hungrig und müde und überlegten sich, die Räuber zu verjagen. Der Esel stellte sich mit den Vorderfüßen auf das Fenster, der Hund sprang auf den Rücken des Esels. Die Katze kletterte auf den Hund und der Hahn flog auf den Kopf der Katze. Auf ein Zeichen begannen sie, Musik zu machen: Der Esel schrie, der Hund bellte, die Katze miaute und der Hahn krähte. So stürzten sie durch das Fenster in die Stube. Die Räuber erschraken sich und liefen davon. Als die Räuber zurückkehrten, schafften die vier es erneut, sie zu verjagen. Da es den Tieren in der Hütte gut gefiel, bleiben sie dort.

Lösungen Deutsch

Leseleporello

Märchen		Und als es dort stand und gar nichts mehr hatte, fielen die Sterne vom Himmel.	
„Hier hast du eine Flasche Wein und einen Kuchen. Bring das zur Großmutter."		„Knusper, knusper, knäuschen, wer knuspert an meinem Häuschen?"	
„Heute back ich, morgen brau ich, übermorgen hol ich der Königin ihr Kind!"		„Wir machen nicht auf! Du bist nicht unsere Mutter. Sie hat eine liebliche und feine Stimme, deine Stimme ist rau. Du bist der Wolf!"	**Ende**

Alles durcheinander

Der Froschkönig

(Brüder Grimm)

Es war einmal ein König. Er hatte drei Töchter. Die jüngste war die schönste und sanfteste. An einem Tag im Sommer …

spielte sie am Brunnen mit ihrer goldenen Kugel. Plötzlich fiel ihr die Kugel in den Brunnen. Sie war traurig …

und weinte. Da steckte ein Frosch den Kopf aus dem Wasser. Er bot ihr an, die Kugel zu holen. Er fragte: „Was gibst du mir dafür?" Da versprach …

die Prinzessin teure Kleider, Schmuck und die Krone, die sie trug. Der Frosch aber wollte ihr Spielkamerad sein. Er wollte neben ihr am Tisch …

sitzen, von ihrem Teller essen und in ihrem Bett schlafen. Die Prinzessin versprach es und er holte ihr die Kugel. Sie freute sich so, …

dass sie den Frosch vergaß und alleine ins Schloss zurückkehrte. Am nächsten Tag klopfte es an der Tür und der Frosch kam herein. Der König …

sagte seiner Tochter, sie müsse ihr Versprechen halten. Sie ließ ihn an den Tisch und von ihrem Teller essen. Als er in ihrem Bett schlafen wollte, …

wurde sie wütend und warf ihn gegen die Wand. Als er herabfiel, verwandelte er sich in einen Prinzen. Er war von einer Hexe verwandelt worden …

Sie heirateten und lebten im Reich des Prinzen.

Lösungen Deutsch

Gestern und heute

Schon lange wünschen sich der Mann und die Frau ein Kind. Endlich ist die Frau schwanger. Sie kann aus ihrem Fenster in einen wunderschönen Garten schauen. Er ist von einer Mauer umgeben. Der Garten ist voll mit den schönsten Kräutern und Blumen. Niemand wagt sich in den Garten hinein, weil er einer Zauberin gehört. Sie hat große Macht und wird von allen gefürchtet. Eines Tages steht die Frau wieder am Fenster. Da entdeckt sie ein Beet mit schönen Rapunzeln.

Was stimmt hier nicht?

Die Sterntaler
(Brüder Grimm)

Es war einmal ein kleines [Mädchen] [Junge], dessen [Tante] [Mutter] und Vater gestorben waren. Es war so [arm] [reich], dass es kein [Kämmerchen] [Kuchen] mehr hatte, um darin zu wohnen. Es hatte kein [Fahrrad] [Bettchen] mehr, um darin zu schlafen, und nichts mehr als die Kleider, die es am [Leib] [Koffer] trug, sowie ein Stückchen [Brot] [Bäcker] in der Hand. Das Mädchen war aber fromm und gut. Es ging im Vertrauen auf Gott hinaus [ins] [unters] Feld.

Dort begegnete ihm ein alter [Mann] [Junge]. Er sprach: „Gib mir etwas zu essen, ich bin so hungrig." Da reichte ihm das Mädchen das Stückchen [Fisch] [Brot] und ging weiter. Da begegneten dem Mädchen Kinder, die froren, und es gab ihnen seine [Matratze] [Mütze], das Leibchen, das [Hemdlein] [Heft] und das Röcklein.

Und wie es so stand und gar nichts mehr besaß, da fielen auf einmal die [Sonnen] [Sterne] vom Himmel. Und es waren lauter blanke [Taler] [Tassen]. Und obwohl es sein Hemdlein weggegeben hatte, hatte es ein neues an und es war reich für sein Leben lang.

④ **Schreibe die falschen Wörter auf.**

Junge, Tante, reich, Kuchen, Fahrrad, Koffer, Bäcker, unters, Junge, Fisch, Matratze, Heft, Sonnen, Tassen

⑤ **Welche Wörter haben mit dem Märchen zu tun? Kreuze an.**

- [X] Himmel
- [ ] Wolf
- [ ] Ziege
- [X] Vertrauen
- [X] Hemdlein
- [X] Rock

Richtig oder falsch?

	richtig	falsch
Kaum hat sich die Ziege entfernt, schlich sich der Fuchs heran.		✗
Der Wolf fraß Kreide, damit seine Stimme so zart wurde wie die der Ziegenmutter.	✗	
Der Wolf kippte sich Farbe über seine Füße, damit sie weiß wurden.		✗
Der Wolf stürmte ins Haus und fraß die sieben Geißlein.		✗
Ein Geißlein hatte sich in der Standuhr versteckt.	✗	
Als der Wolf schlief, befreite die Mutter die sechs Geißlein.	✗	
Die Geißlein sammelten Hölzer und die Mutter nähte sie in den Bauch des Wolfes ein.		✗
Als der Wolf am Brunnen trinken wollte, fiel er hinein und ertrank.	✗	

Lösungen Deutsch

Wer ist schlau?

② **Welche Aussage ist richtig? Kreuze an.**

☐ Die Schildkröte und die Antilope stritten darüber, wer besser schwimmen kann.
☒ Die Schildkröte und die Antilope stritten darüber, wer schneller laufen kann.
☐ Die Schildkröte und die Antilope stritten darüber, wer besser klettern kann.

Die Schildkröte übertrifft die Antilope in …

☐ Witzigkeit ☐ Schnelligkeit ☒ Klugheit

③ **Beantworte die Fragen.**

Was macht die Schildkröte in der Nacht vor dem Wettlauf?
Sie schart andere Schildkröten um sich und platziert sie entlang der Rennstrecke im Gras.

Wann ist der Wettlauf zu Ende?
Als die Antilope vor Erschöpfung umfällt.

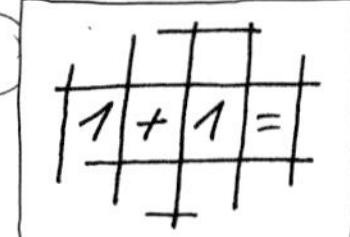

Eine Menge Märchengegenstände

Umkreise!

Immer 3!

Immer 5!

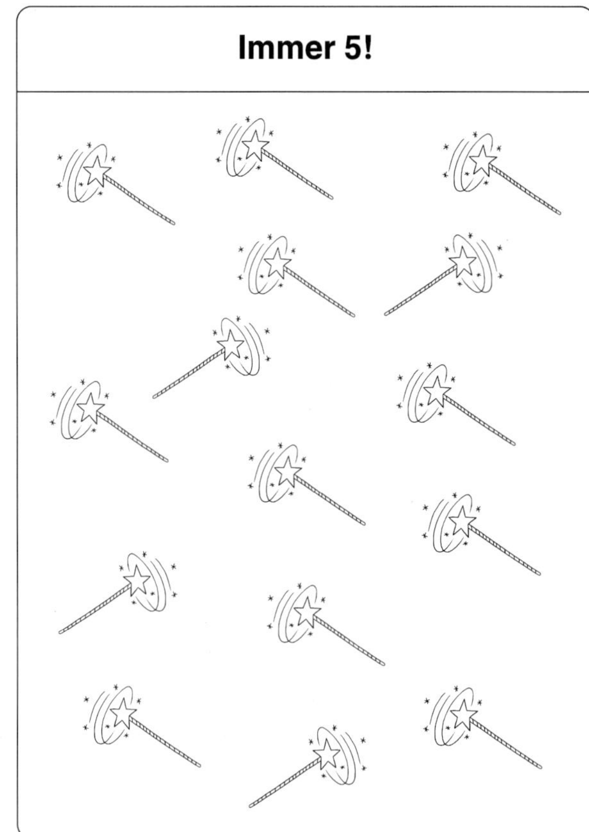

Immer 4!

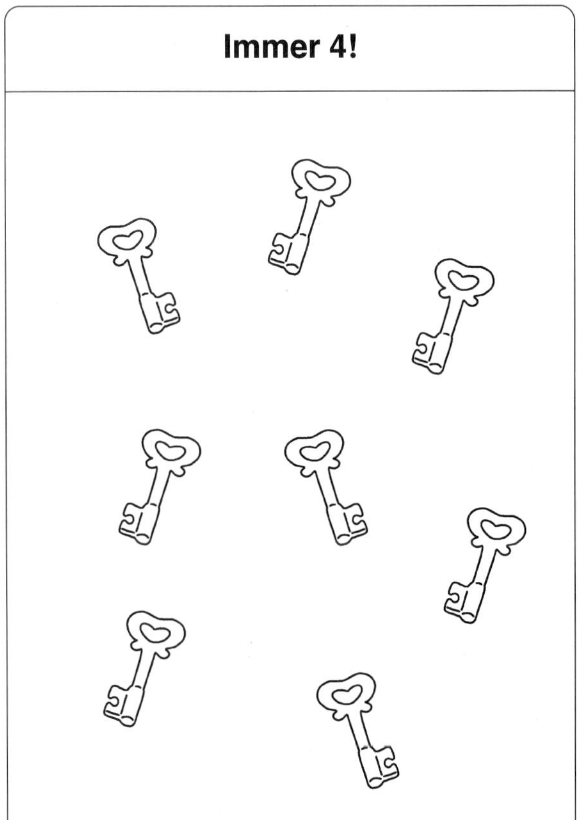

Immer 2!

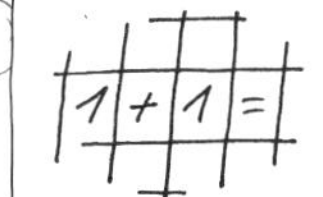

Märchen-Punkt-zu-Punkt-Bild

① Löse die Aufgaben. Verbinde die Punkte der Ergebnisse in aufsteigender Reihenfolge.

② Es entsteht ein Bild aus einem Märchen. Male es an.

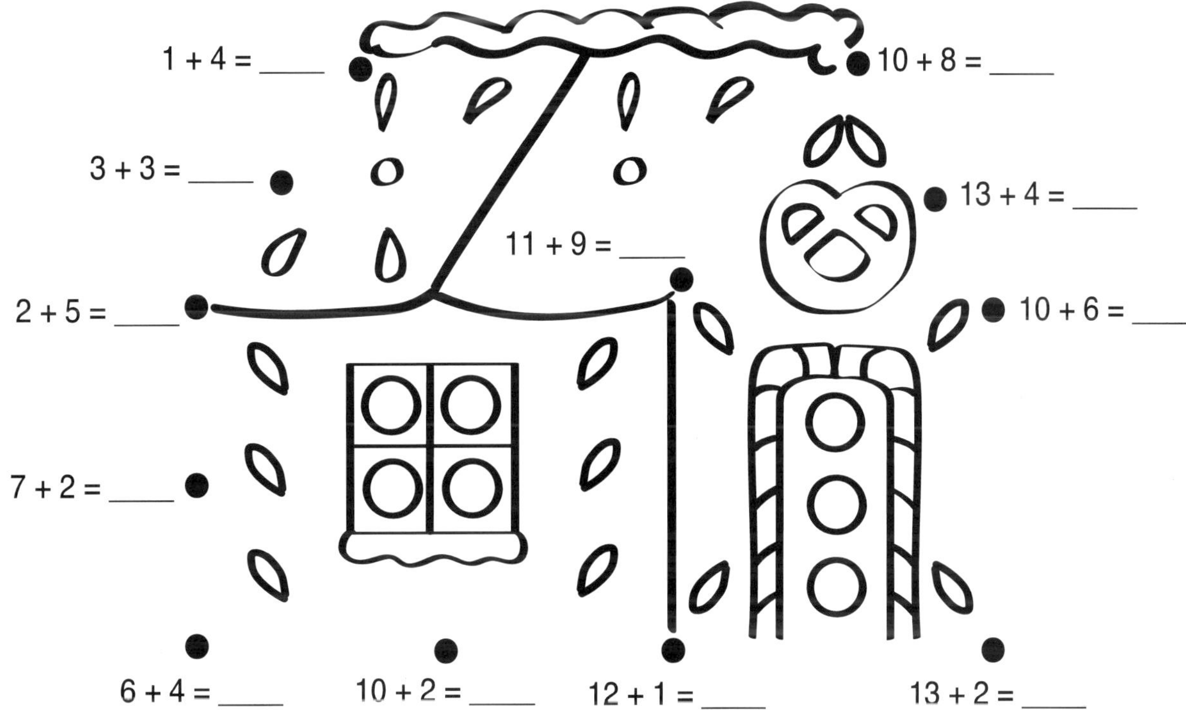

③ Weißt du, um welches Märchen es sich handelt?

____

Sterne am Himmel

① **Schneide die unteren Bildkärtchen aus.**

② **Löse die Aufgaben.**

③ **Klebe die passende Lösung auf die Aufgabe.**

16 – 11	9 – 6
15 – 2	13 – 11
19 – 5	8 – 0
5 – 5	18 – 7

Spiegelrätsel

① **Finde das richtige Spiegelbild.**
② **Kreise ein.**

Keine halben Sachen

Weißt du, was hier zu sehen sein soll?

Die Gegenstände kommen in einigen Märchen vor.

Ergänze die Spiegelbilder, damit du die Gegenstände erkennst.

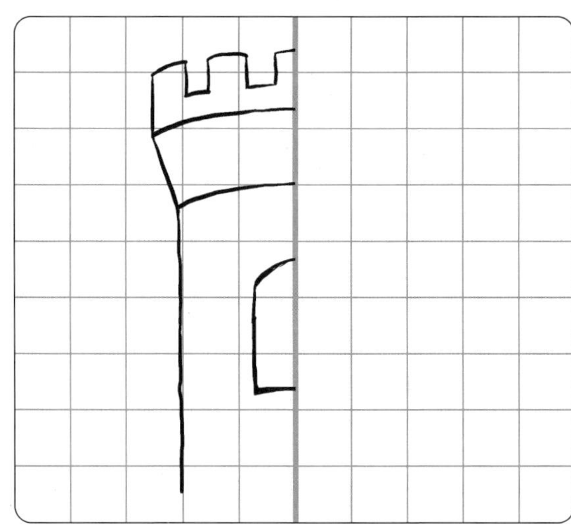

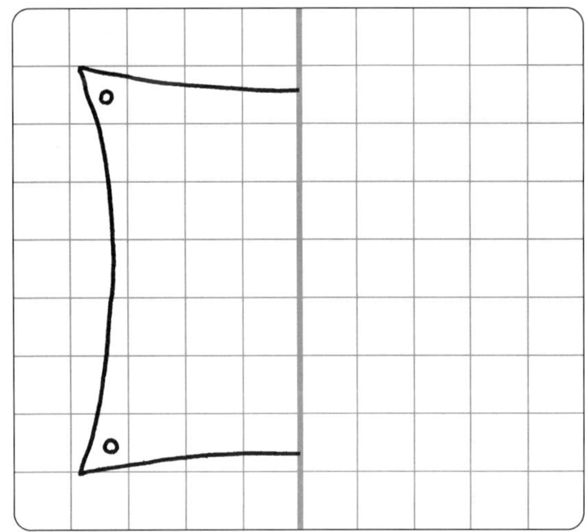

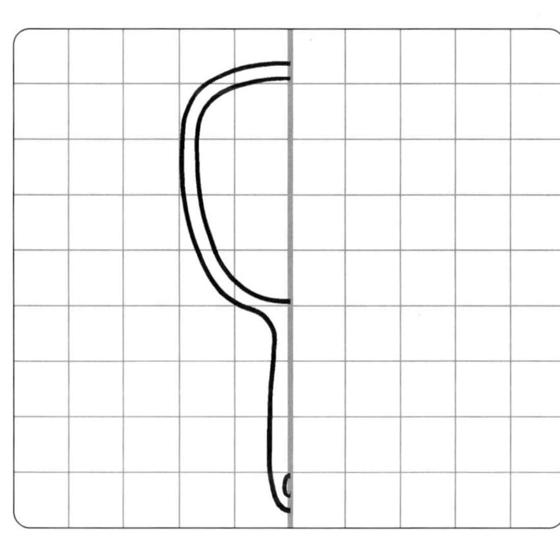

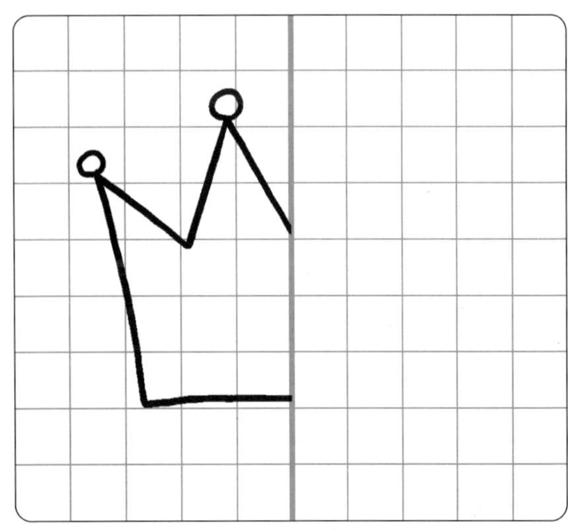

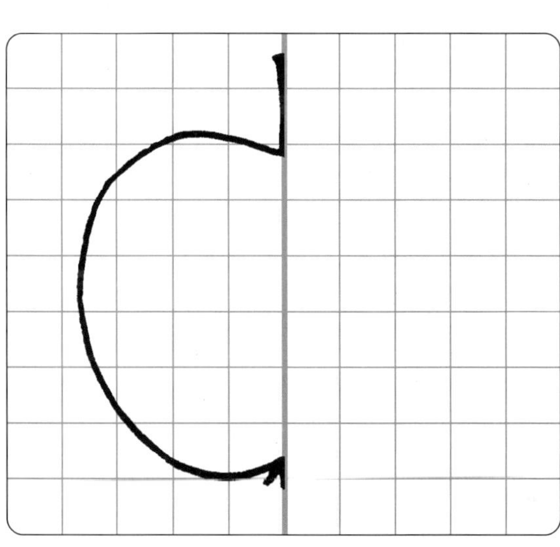

Ein neuer Umhang für Rotkäppchen

Oma möchte für Rotkäppchen drei neue Umhänge nähen.
Oma hat Stoffe in den Farben Rot, Braun und Grün.
Rotkäppchen überlegt, welche Farben sie für die Umhänge wählen soll.
Sie kann zwei Farben für den Innenteil und eine für den Außenteil wählen.
Wie viele Möglichkeiten hat sie?
Male die Umhänge an. Eine Möglichkeit wäre zum Beispiel, alles Rot zu malen, eine andere, einen Teil Rot, einen Grün und einen Braun zu malen.

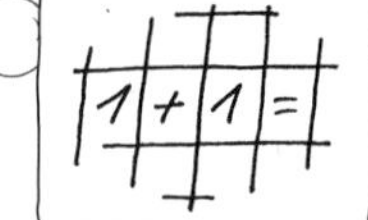

Erbsen und Lebkuchen

① **Wie viele Erbsen sammelt Aschenputtel auf?**

a) Rechne.

b) Ergänze die Lücken.

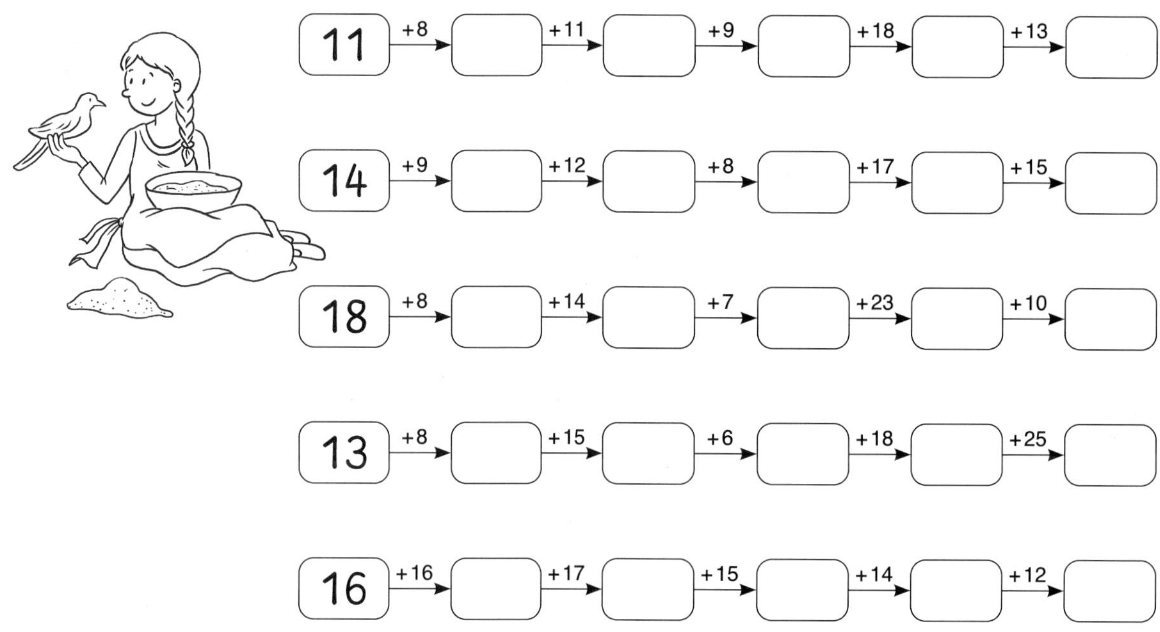

② **Hänsel und Gretel essen sich satt und stecken noch Lebkuchen in ihre Taschen. Wie viele Lebkuchen bleiben am Haus?**

a) Rechne.

b) Ergänze die Lücken.

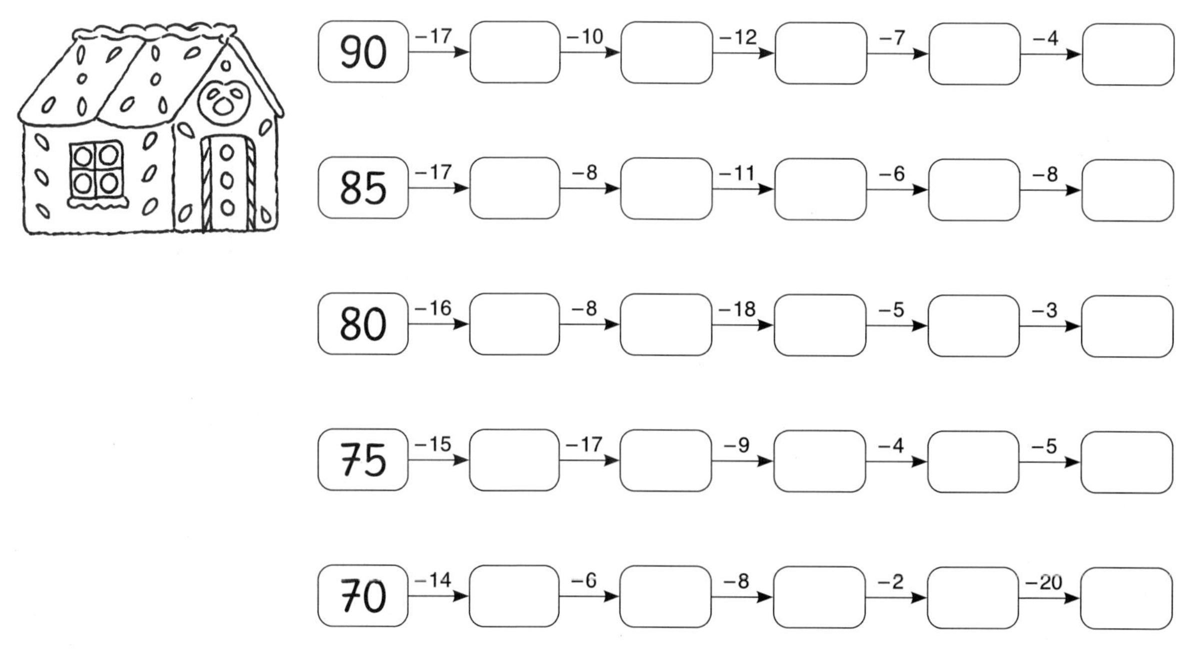

Von Sack zu Sack

Rechne.

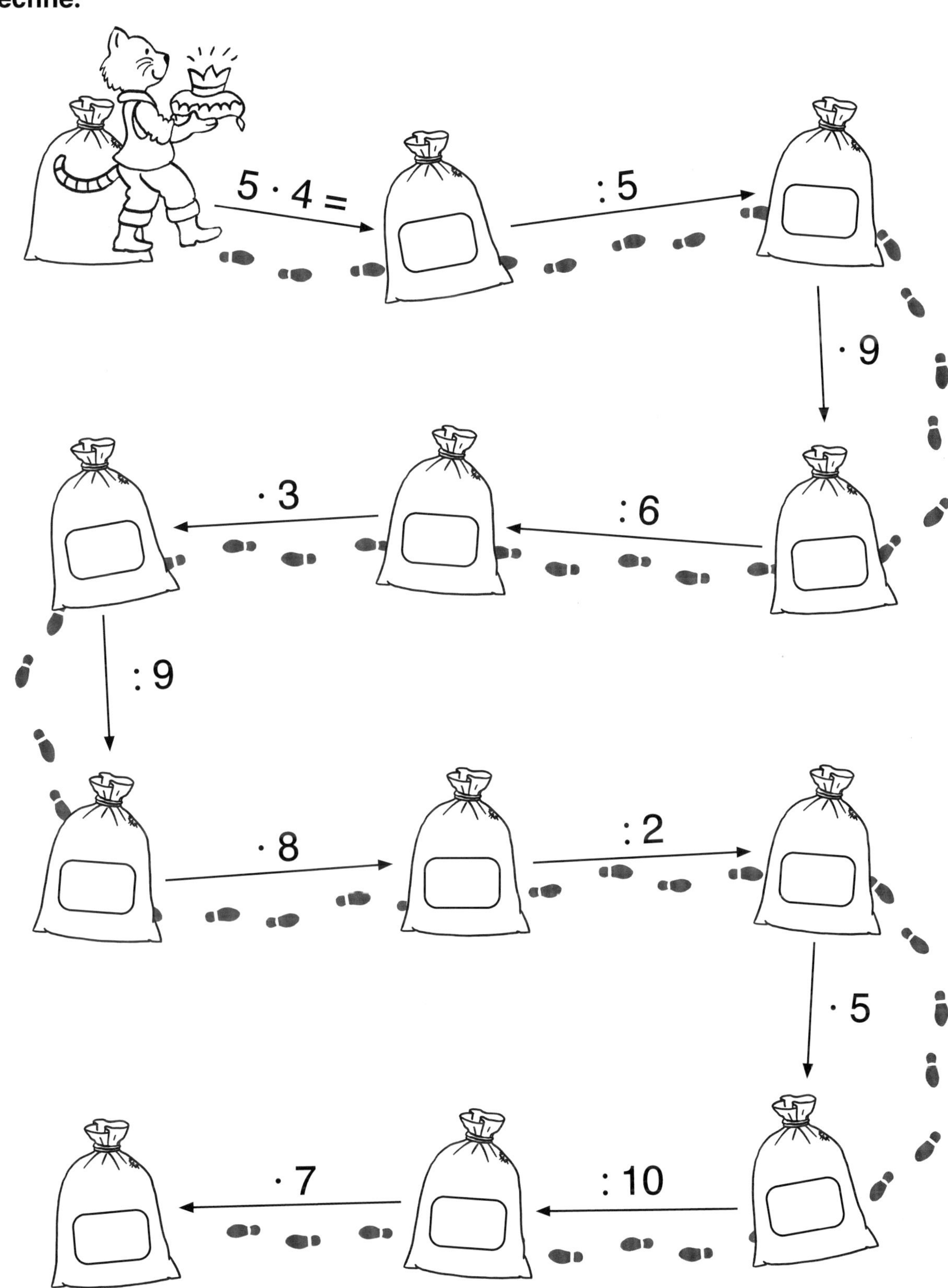

Für Profis: Denke dir selbst eine Kettenaufgabe aus und lasse sie von einem anderen Kind lösen.

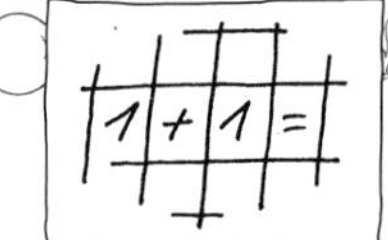

Hans kauft ein

Mit welchen Geldstücken kann Hans im Glück die Dinge einkaufen? Schreibe drei Möglichkeiten auf.

1 800 €

1. ______________________
2. ______________________
3. ______________________

999 €

1. ______________________
2. ______________________
3. ______________________

120 €

1. ______________________
2. ______________________
3. ______________________

89 €

1. ______________________
2. ______________________
3. ______________________

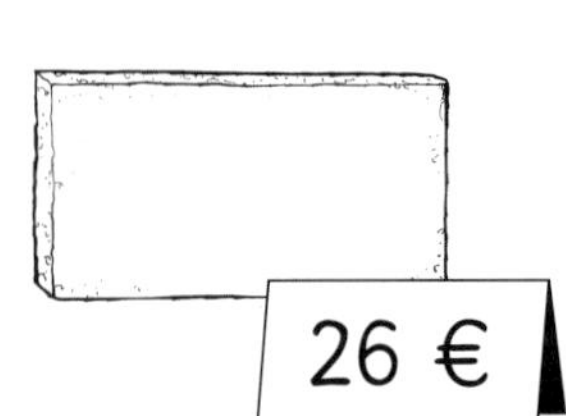

26 €

1. ______________________
2. ______________________
3. ______________________

Für Profis: Es gibt mehr als drei Möglichkeiten. Findest du für eine Aufgabe alle Möglichkeiten?

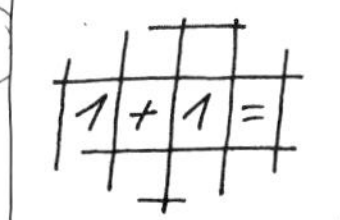

Im Zwergenstollen

Die Zwerge waren heute besonders fleißig und haben viele Steine aus dem Stollen geschlagen und zu Mauern gestapelt. Notiere die fehlende Zahl.

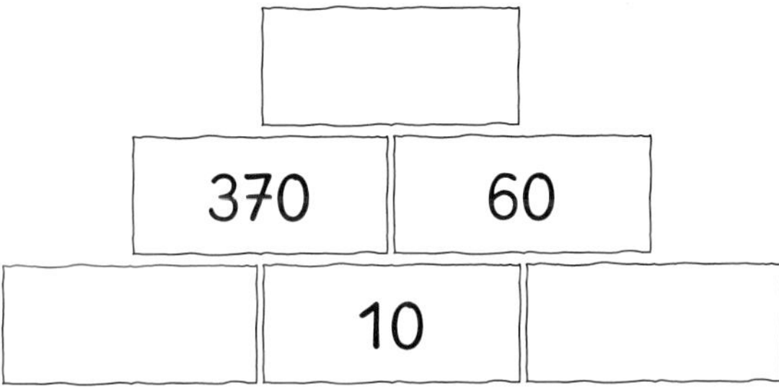

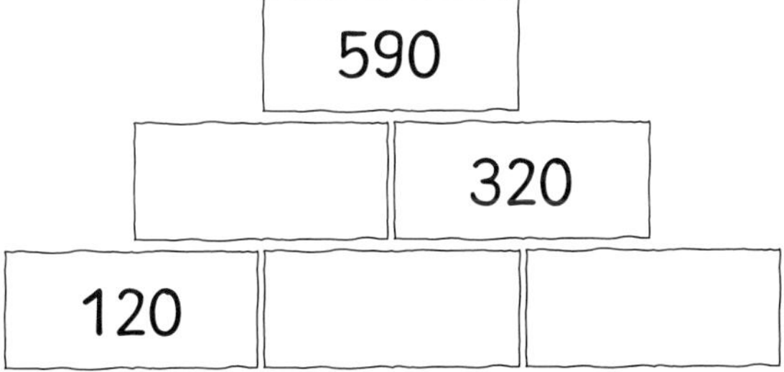

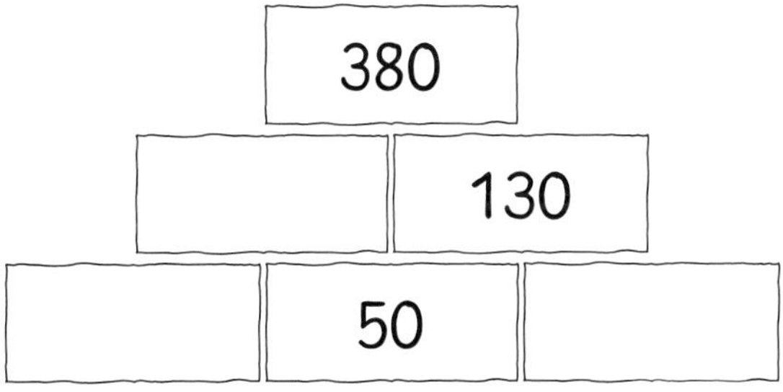

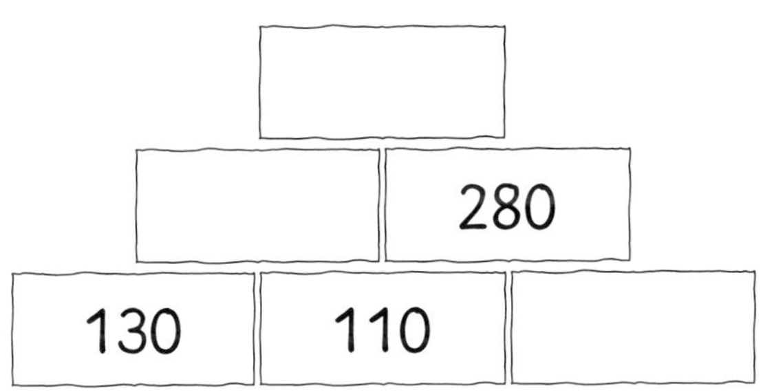

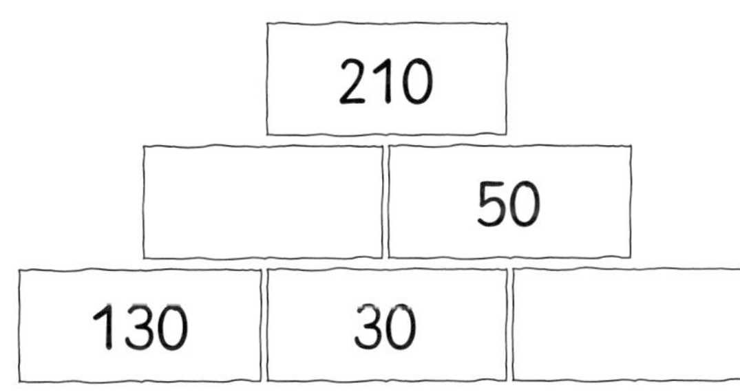

Für Profis: Denke dir selbst Steinmauern aus. Lasse sie von einem anderen Kind lösen.

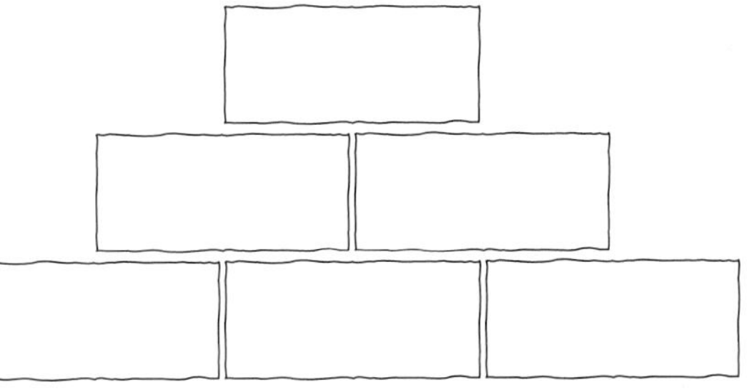

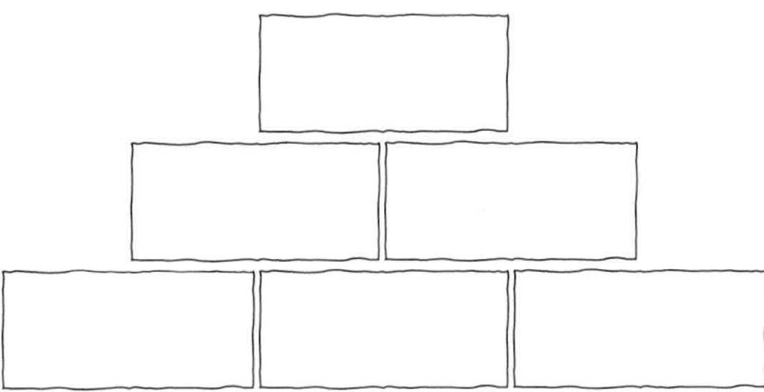

Lösungen Mathematik

Eine Menge Märchengegenstände

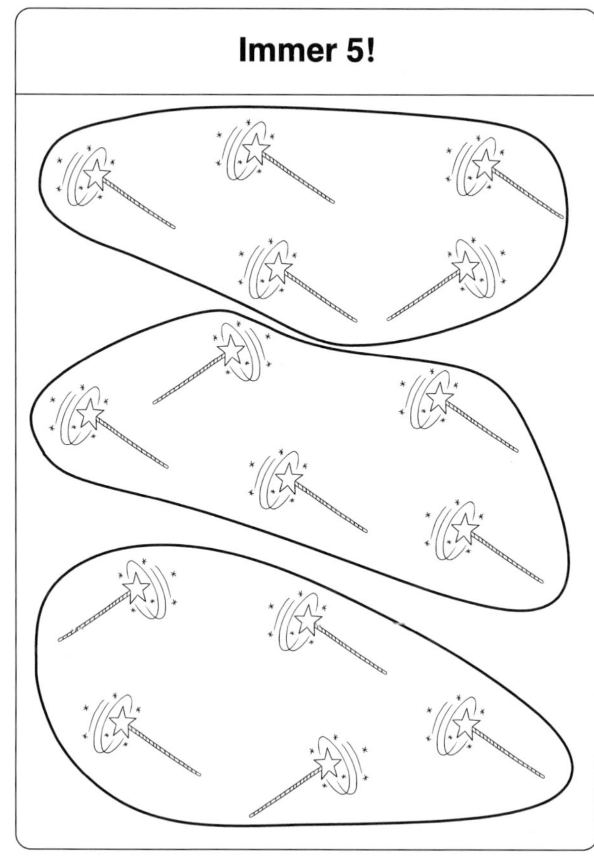

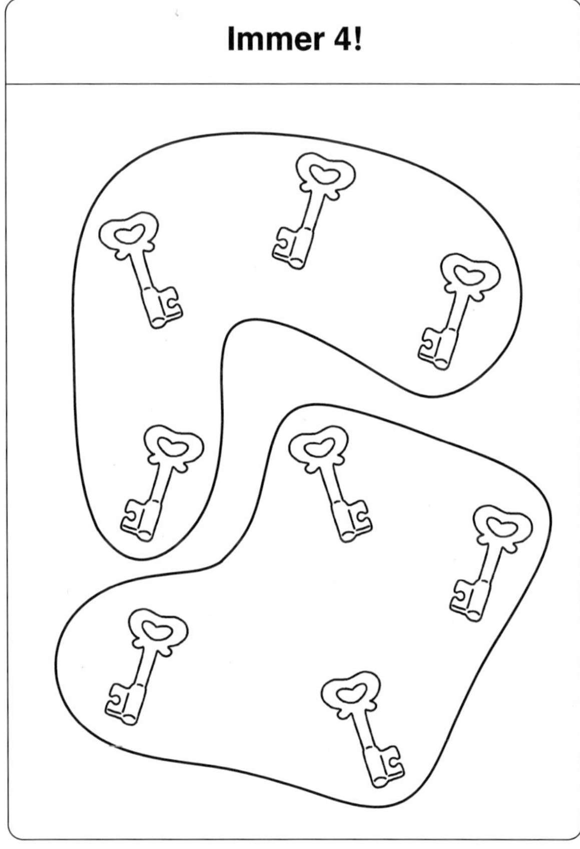

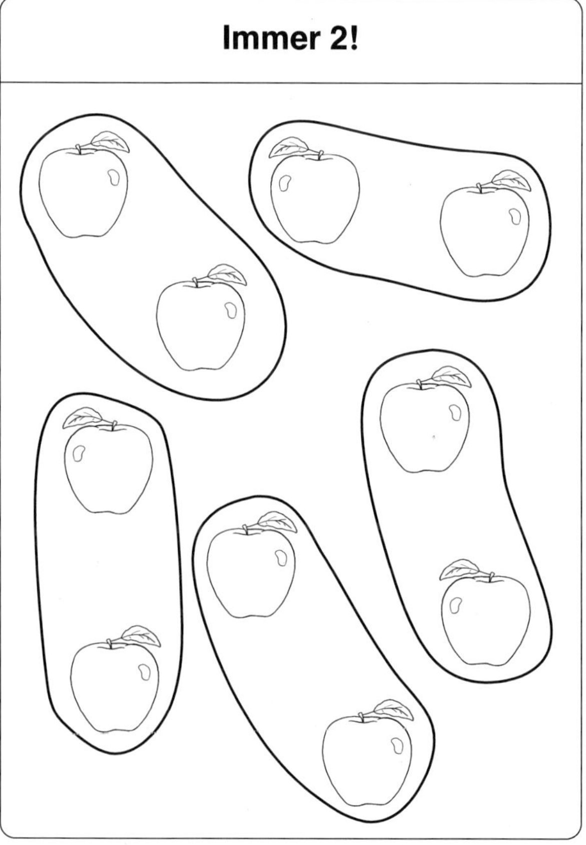

Lösungen Mathematik

Märchen-Punkt-zu-Punkt-Bild

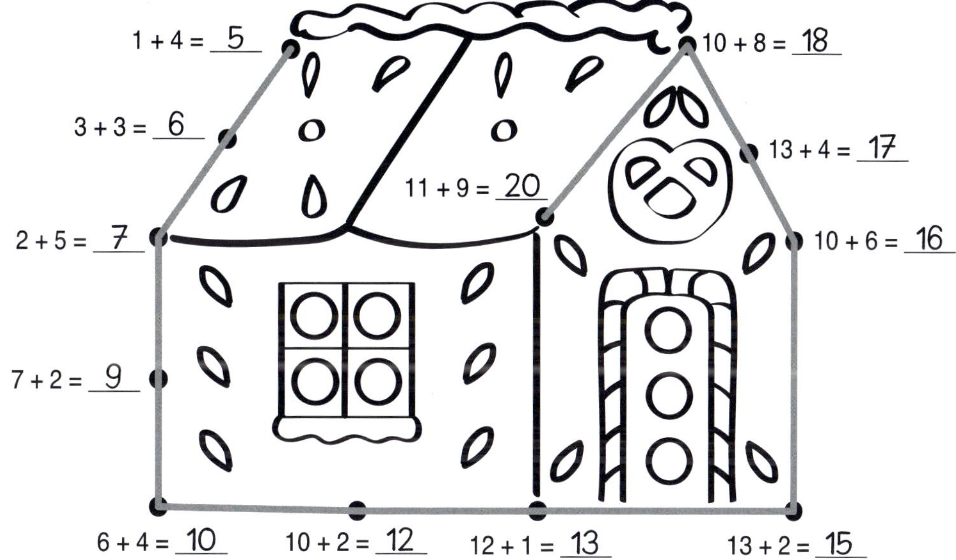

③ **Weißt du, um welches Märchen es sich handelt?**
Hänsel und Gretel.

Sterne am Himmel

Lösungen Mathematik

Spiegelrätsel

Lösungen Mathematik

Keine halben Sachen

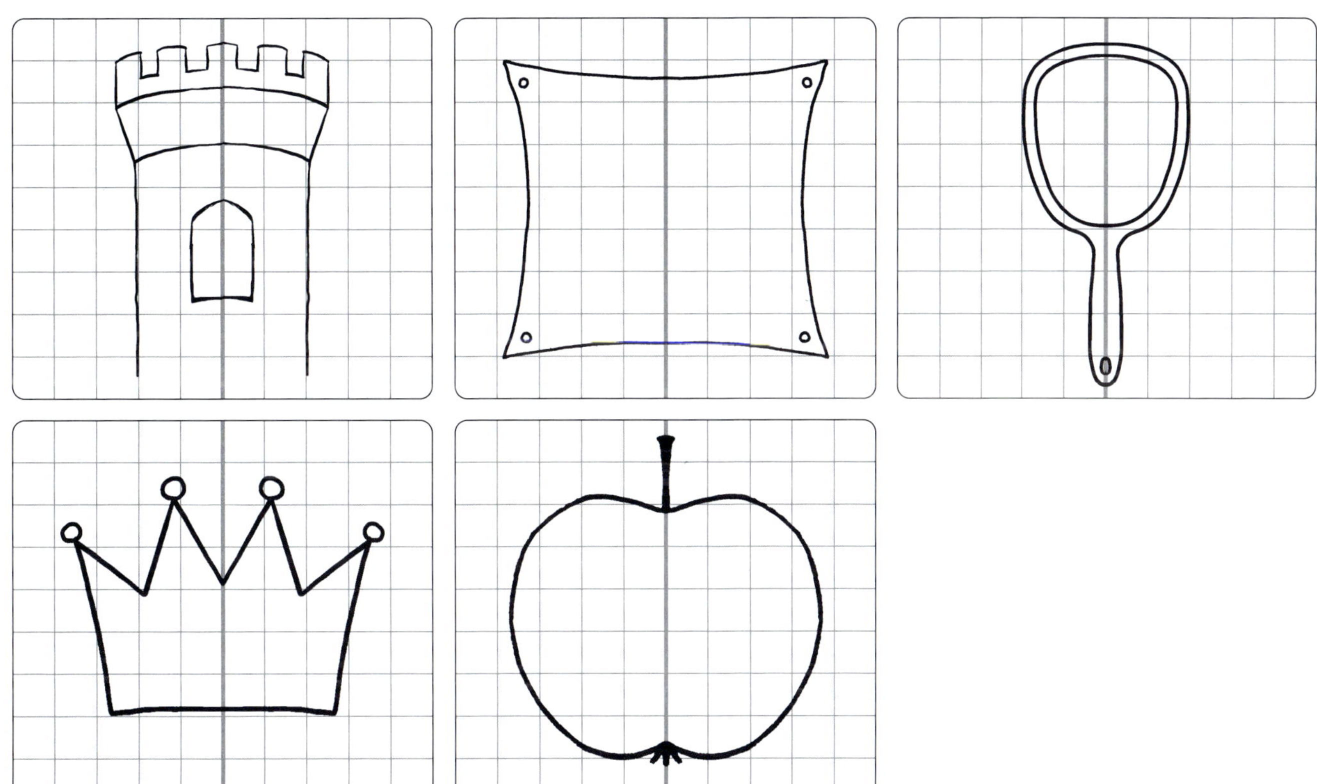

Ein neuer Umhang für Rotkäppchen

Es gibt 10 Lösungen: Alle Teile Rot, alle Teile Grün, alle Teile Braun, zwei Teile Rot und einen Grün, zwei Teile Rot und einen Braun, Jeder Teil in einer anderen Farbe, zwei Teile Braun und einen Grün, zwei Teile Braun und einen Rot, zwei Teile Grün und einen Braun, zwei Teile Grün und einen Rot.

Erbsen und Lebkuchen

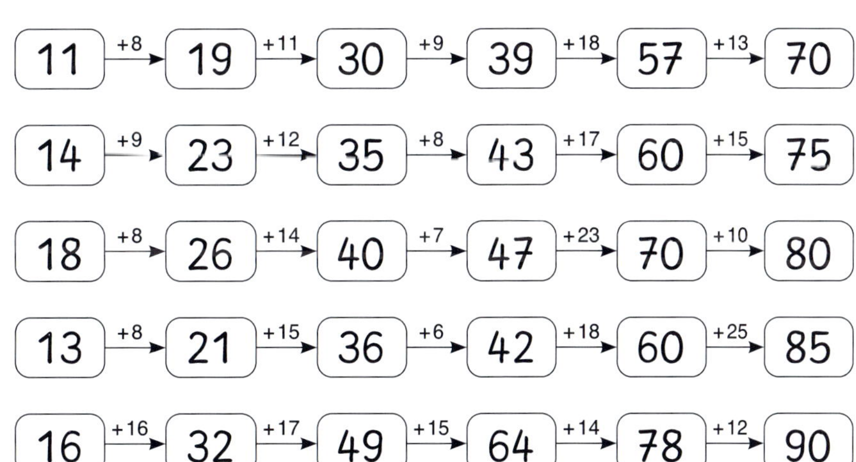

Lösungen Mathematik

90 $\xrightarrow{-17}$ 73 $\xrightarrow{-10}$ 63 $\xrightarrow{-12}$ 51 $\xrightarrow{-7}$ 44 $\xrightarrow{-4}$ 40

85 $\xrightarrow{-17}$ 68 $\xrightarrow{-8}$ 60 $\xrightarrow{-11}$ 49 $\xrightarrow{-6}$ 43 $\xrightarrow{-8}$ 35

80 $\xrightarrow{-16}$ 64 $\xrightarrow{-8}$ 56 $\xrightarrow{-18}$ 38 $\xrightarrow{-5}$ 33 $\xrightarrow{-3}$ 30

75 $\xrightarrow{-15}$ 60 $\xrightarrow{-17}$ 43 $\xrightarrow{-9}$ 34 $\xrightarrow{-4}$ 30 $\xrightarrow{-5}$ 25

70 $\xrightarrow{-14}$ 56 $\xrightarrow{-6}$ 50 $\xrightarrow{-8}$ 42 $\xrightarrow{-2}$ 40 $\xrightarrow{-20}$ 20

Von Sack zu Sack

5 · 4 = **20** : 5 = **4** · 9 = **36** : 6 = **6** · 3 = **18** : 9 = **2** · 8 = **16** : 2 = **8** · 5 = **40** : 10 = **4** · 7 = **28**

Im Zwergenstollen

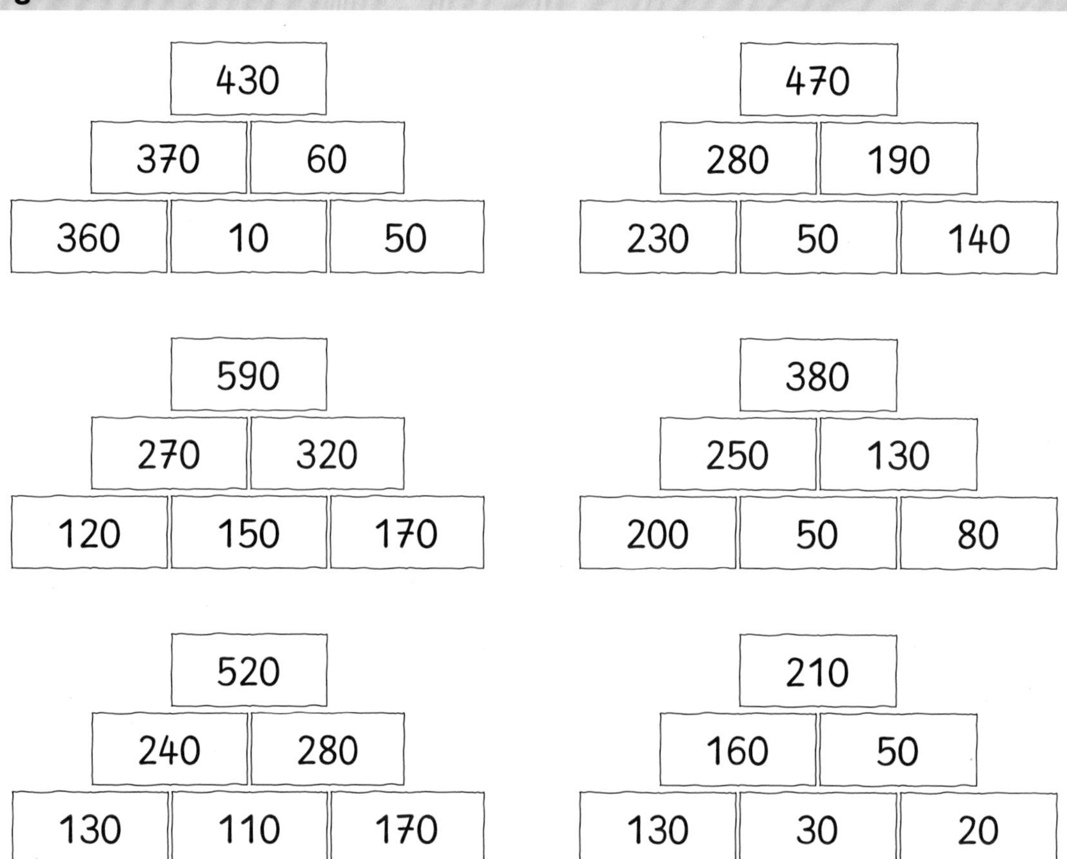

Tierlesekarten 1

① **Lies die Lesekarten.**
② **Wähle ein Tier und fülle den Steckbrief aus.**

Der Wolf

In Märchen hat er meist eine böse Rolle, im wahren Leben begegnet man ihm nur selten. Wölfe leben im Gebirge, im Binnenland, im Flachland und am Meer. Heute gibt es sie nur noch in Teilen Europas, in Kanada und Russland. Auch in Deutschland konnten sich Wölfe wieder ausbreiten, da sie hier geschützt sind.

Wölfe können bis zu 90 cm groß und 1,40 m lang werden. Zwischen 30 und 50 kg wiegt ein erwachsener Wolf. In freier Wildbahn können Wölfe 10 bis 12 Jahre alt werden. Ihr Fell ist gelbbraun bis grau, im Gesicht und am Schwanz eher dunkel. Sie haben weiße Wangen.

Der Wolf frisst hauptsächlich Reh-, Schwarz- und Rotwild. Seine Beute riecht er sogar aus bis zu 2 km Entfernung. Doch der Wolf hat nicht nur eine besonders gute Nase, sondern hört auch ziemlich gut. Das Heulen anderer Wölfe hört er aus bis zu 10 km Entfernung.

Wölfe leben in Rudeln. Die Wölfin bringt im Frühsommer meist 4 bis 6 Welpen zur Welt.

Der Braunbär

In Märchen und Fabeln werden sie oft „Meister Petz“ genannt. In Europa leben sie in den Alpen, in Süd- und Osteuropa, in Nord-Norwegen, Schweden und Finnland. Die meisten findet man jedoch in Russland und Rumänien. Sie leben vor allem dort, wo wenig Menschen sind, denn sie sind sehr scheu.

Braunbären können bis zu 350 kg auf die Waage bringen und aufgerichtet zwischen 1,70 m und 2,20 m groß werden. Sie haben einen breiten Kopf mit einer langen Schnauze und kleinen, runden Ohren. Der kleine Schwanz ist unter dem braunen, dichten Fell meist gar nicht zu sehen. Bären haben große Tatzen mit langen Krallen und kurze, kräftige Beine. Unglaublich, aber wahr: Bären ernähren sich überwiegend von pflanzlicher Nahrung, wie zum Beispiel Obst, Nüssen, Eicheln, Kastanien, Wurzeln, Gräsern und Bucheckern. Nach dem Winterschlaf bietet auch Aas von Tieren, die den Winter nicht überlebt haben, eine Nahrungsquelle.

Tierlesekarten 2

① **Lies die Lesekarten.**
② **Wähle ein Tier und fülle den Steckbrief aus.**

Die Katze

Löwen, Jaguare, Tiger und Leoparden … sie alle gehören zu der Familie der Katzen. Genauer gesagt zur Familie der Großkatzen. Unsere Hauskatze gehört hingegen zu den Kleinkatzen, man nennt sie meist nur Katze. Es gibt sie mit langem und kurzem Fell sowie in allerlei Farben und mit verschiedenen Fellmustern. Sie leben mit uns Menschen im Haus.
Katzen können sich schnell bewegen, sind gute Jäger sowie Kletterer und können im Dunkeln viel besser sehen als der Mensch. Sie können zwar etwas schlechter riechen als Hunde, haben dafür aber einen sehr guten Tastsinn. Die Tasthaare oder auch Schnurrhaare haben empfindliche Nerven, mit denen die Katzen erkennen können, wie schmal ein Durchgang ist.
Katzen werden 30–35 cm groß und 2–8 kg schwer. Sie werden zwischen 14 und 20 Jahre alt. Katzen, die nicht nur im Haus oder der Wohnung von Menschen leben, sondern Freigänger sind, fressen gerne Mäuse, Vögel, kleine Fische und Ratten.

Die Ziege

Die Hausziege wurde von den Menschen gezüchtet und stammt von der Wildziege ab. Ziegen sind Säugetiere. Das weibliche Tier heißt Geiß oder Ziege, das Männchen wird Bock genannt. Ein Jungtier wird Ziegenlamm, Ziegenkitz und auch Geißlein genannt (wie im Märchen „Der Wolf und die sieben Geißlein“). Ziegen sind sichere Bergsteiger und geschickte Kletterer. Sie können die steilsten Berge hinauf- und hinunterklettern, denn oft leben sie auch im Gebirge. Es gibt sie auf der ganzen Welt und neben Hunden und Schafen sind sie die ältesten Haustiere des Menschen. Ziegen sind genügsam und brauchen nicht viel zum Leben. Sie fressen am liebsten Gräser und Kräuter.
Ziegen gibt es in vielen Farben. Sie können gescheckt sein oder verschiedene Zeichnungen haben. Der Bauch und die Beine sind oft heller. Sowohl das Weibchen als auch das Männchen tragen Hörner. Außerdem haben sie ein kleines Schwänzchen. Männchen tragen zudem den typischen Ziegenbart. Ziegen können 1,20 m bis 1,60 m lang und bis zu 80 kg schwer werden. Sie werden bis zu 15 Jahre alt. Zu ihren Feinden zählen Luchse, Wölfe und Bären. Für junge Ziegen können auch Greifvögel gefährlich werden.

Tierlesekarten 3

① **Lies die Lesekarten.**
② **Wähle ein Tier und fülle den Steckbrief aus.**

Der Fuchs

Füchse sind nah mit dem Wolf und Hund verwandt. Die Raubtiere werden etwa 40 cm hoch und zwischen 60 und 90 cm lang. Sie können bis zu 7 kg auf die Waage bringen und bis zu 12 Jahre alt werden. Der buschige Schwanz des Fuchses ist ziemlich lang. Sein Fell ist rotbraun. Schwanzspitze, Wangen, Bauch und die Innenseite der Beine sind weiß oder dunkel gefärbt.
In Geschichten ist der Fuchs oft besonders schlau. Im wahren Leben ist das Tier nicht nur schlau, sondern auch ziemlich sportlich: Ein Fuchs kann bis zu 2 m hoch und 5 m weit springen, sich in den engsten Höhlen verstecken und ziemlich schnell laufen.
Füchse findet man in Europa, Nordafrika, Asien und Nordamerika. Sie können in Halbwüsten, Hochgebirgen, an Küsten und in Wäldern leben und fressen nahezu alles. Am liebsten mögen sie Mäuse, Schnecken, Regenwürmer, Vögel, Frösche und andere Insekten.

Der Frosch

Frösche gibt es auf allen Kontinenten der Erde. Sie sind Amphibien und leben an Land und im Wasser. Meist werden sie in der Dämmerung aktiv, tagsüber ruhen sie sich aus. Sie haben lange und kräftige Hinterbeine und kurze Vorderbeine.
Ihr Körper ist gedrungen. Einige Frösche, die die meiste Zeit im Wasser leben, haben Schwimmhäute zwischen den Zehen.
Unser einheimischer Laubfrosch ist leuchtend grün mit einem schwarzen Streifen auf jeder Seite. Es gibt aber auch Frösche in den Tropen, die gelb, türkis oder rot und mit Streifen oder Tupfen gemustert sind. So vielfältig wie das Aussehen der Frösche sein kann, ist auch ihre Größe und ihr Gewicht. Während die kleinste Froschart grade einmal 1 cm misst und kaum 1 g auf die Waage bringt, ist der größte Frosch der Welt ganze 33 cm groß und wiegt 3 kg. Mit ihrer langen Zunge fangen die Frösche ihre Beute, Zähne haben sie keine. Sie fressen vor allem Würmer, Larven und Insekten.
Frösche können je nach Froschart bis zu 20 Jahre alt werden, Laubfrösche sogar bis zu 25 Jahre. Zu den Feinden des Frosches gehören Schlangen und Vögel.

Mein Tiersteckbrief

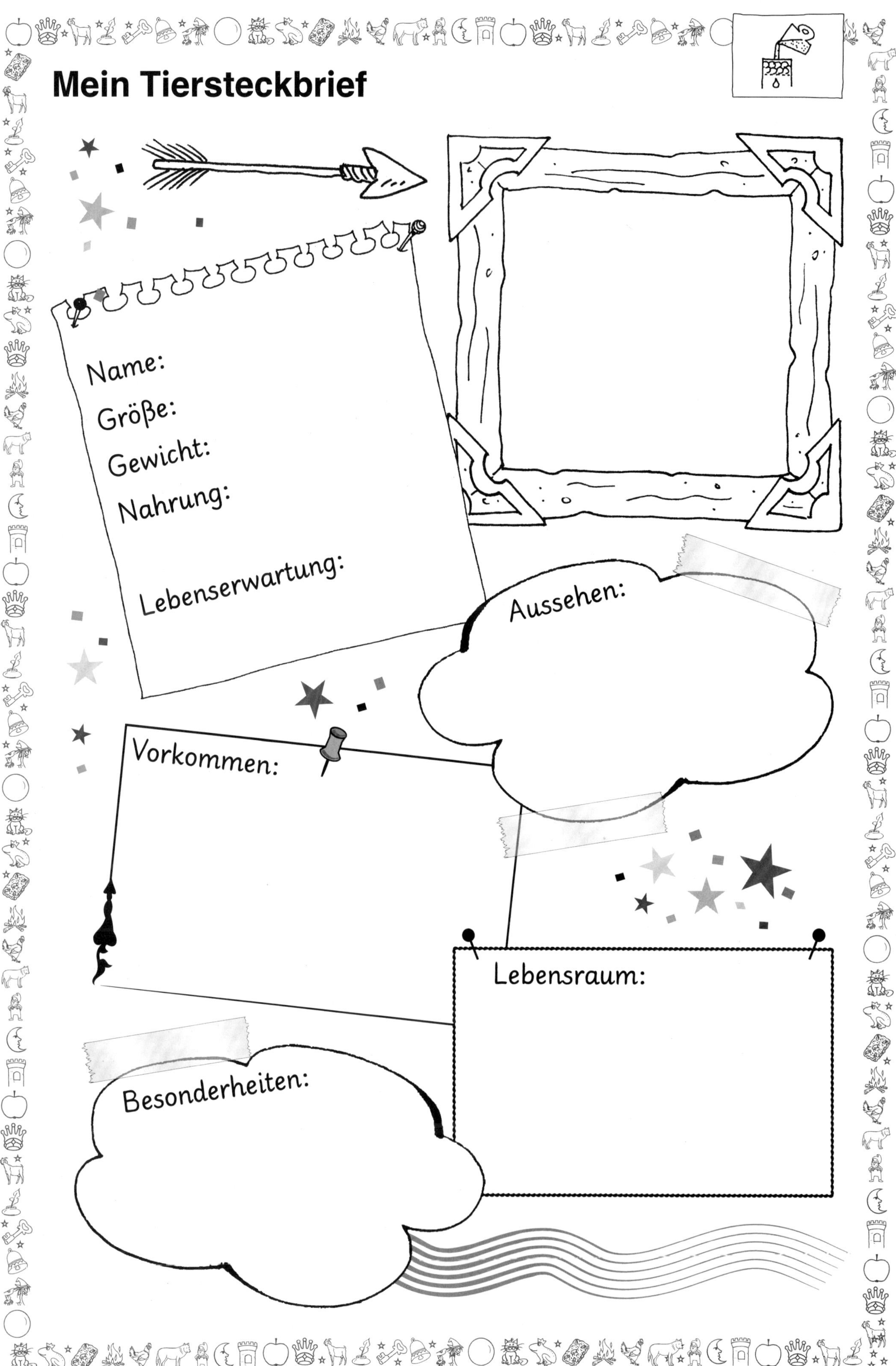

Brüder Grimm

① **Lies den Text.**

Brüder Grimm

Jacob und Wilhelm Grimm nennt man auch die „Brüder Grimm“. Sie waren zwei der neun Kinder, die Philipp Wilhelm Grimm und seine Frau Dorothea bekamen.
Beide wurden in Hanau geboren, Jacob am 4. Januar 1785, sein Bruder Wilhelm am 24. Februar 1786.
Als die beiden 11 und 10 Jahre alt waren, starb der Vater. Die Mutter hatte nicht genug Geld, um alle Kinder zu versorgen. Sie schickte Jacob und Wilhelm zu einer Tante nach Kassel. Dort studierten sie Jura und begannen, sich für Geschichten und Bücher zu interessieren.

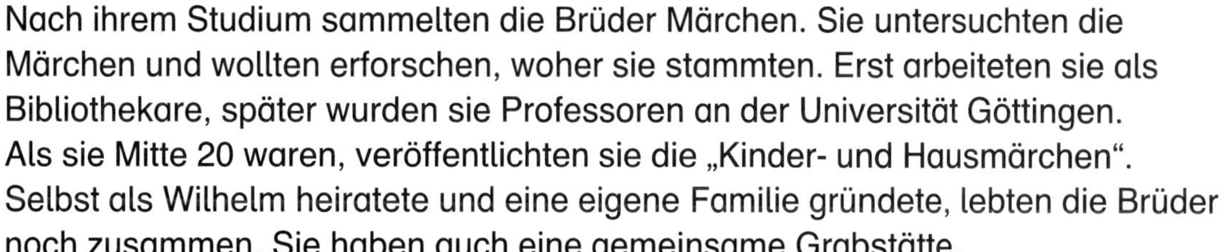

Nach ihrem Studium sammelten die Brüder Märchen. Sie untersuchten die Märchen und wollten erforschen, woher sie stammten. Erst arbeiteten sie als Bibliothekare, später wurden sie Professoren an der Universität Göttingen.
Als sie Mitte 20 waren, veröffentlichten sie die „Kinder- und Hausmärchen“.
Selbst als Wilhelm heiratete und eine eigene Familie gründete, lebten die Brüder noch zusammen. Sie haben auch eine gemeinsame Grabstätte.

② **Löse das Rätsel.**

1. Die Mutter hatte nicht genug …, um alle Kinder zu versorgen?
2. Was studierten die Brüder in Kassel?
3. Als was arbeiteten die Brüder zunächst?
4. Wie hieß der erste Band, den sie veröffentlichten? Kinder- und …
5. Die Brüder heißen Jakob und … Grimm.

1.

2.

3.

4.

5.

Lösungswort: ____________________

Hans Christian Andersen

① **Lies den Text.**

Hans Christian Andersen

Hans Christian Andersen war ein bekannter Schriftsteller und Dichter aus Dänemark. Über 150 Märchen hat er geschrieben, unter anderem „Das hässliche Entlein“, „Des Kaisers neue Kleider“, „Däumelinchen“ und „Die Schneekönigin“. Hans Christian Andersen wurde am 2. April 1805 in Odense (Dänemark) geboren und starb 1875. Seine Mutter war Wäscherin und sein Vater Schuhmacher, er verbrachte seine Kindheit in Armut. Die Familie war so arm, dass sie Hans Christian nicht einmal zur Schule schicken konnten.

Als sein Vater starb, war Andersen 14 Jahre alt. Zu dem Zeitpunkt veränderte sich sein Leben. Er zog alleine in die Hauptstadt Kopenhagen. Er arbeitete dort als Schauspieler am Theater. Die Texte, die er schrieb, gefielen den Menschen. Er wurde vom Direktor des königlichen Theaters aufgenommen und dieser bezahlte ihm die Lateinschule und die Universität.

Danach unternahm er viele Reisen durch Europa und schrieb Reiseberichte, Theaterstücke, Romane, Gedichte und Märchen.

② **Beantworte die Fragen.**

Welchen Beruf hatte der Vater?

____

Welchen Beruf hatte die Mutter?

____

③ **Welche Märchen von Hans Christian Andersen sind hier abgebildet? Schreibe auf.**

________________ ________________ ________________

________________ ________________ ________________

Für Profis: Überlege dir, was du in einem Vortrag zu Hans Christian Andersen alles erzählen würdest. Mache dir Notizen und erstelle ein passendes Poster.

Die Menschen auf einer Burg

Weißt du, wie das Leben an märchenhaften Orten früher war?
Im Text erfährst du es.

① Schneide das Bänderrätsel aus.
② Falte die Lösung nach hinten.
③ Nimm dir einen Faden. Beginne oben rechts. Führe den Faden weiter.

Lösung			
		gegen Angreifer eingesetzt werden. Auf den Burgen wohnten oft viele Hundert …	**Die Menschen auf einer Burg** Das Mittelalter, ist die Zeit der Ritter und …
		Burgen. Da es immer wieder Überfälle und Kriege gab, wurden Burgen so gebaut, dass sie möglichst …	schwer zu erobern waren. Eine Burg auf einem Berg oder Hügel wird Höhenburg genannt. Eine Grabenburg …
		die Bediensteten. Waren die Adeligen besonders reich, konnten sie sich auch einen Jagdmeister mit …	Mauer schützt die Burg zusätzlich. Durch Schießscharten konnten Pfeile …
		ist von einem tiefen und breiten Wassergraben umgeben. Eine dicke …	Menschen. Einige Männer gehörten der Besatzung an. Zudem gab es Knechte für …
		arbeiteten hier: Schmiede beschlugen Pferde und stellten Waffen her, Zimmermänner hielten die …	Gebäude instand und Stallmeister versorgten die Tiere. Der Burgvogt wachte über …
		die Felder, Mägde, die dienten, Küchenmeister und …	Gehilfen leisten. Diese kümmerten sich um die Hunde und …
		den Wildbestand.	Küchenpersonal. Im Burghof bereitete man sich auf Reisen vor und die Handwerker …

Leben auf einer Burg

Die Burg ist ein Ort, der häufig in Märchen vorkommt.
Doch weißt du auch, wie das Leben dort wirklich war?
Löse das Rätsel.

1. Womit aßen die Menschen im Mittelalter? Mit den …
2. Wo wurden Geschäfte abgewickelt und Gäste empfangen? Im …
3. Schränke gab es nicht. Wo wurde Kleidung und Wäsche gelagert? In …
4. Wie wurde der Grundbesitz, das Land, des Burgherrn bezeichnet?
5. Wie wird das Gebäude genannt, in dem sich der Wohn- und Festsaal befindet?
6. Wie wird das Erkennungszeichen und Stolz eines Ritters genannt?
7. Wie heißt die klassische Stoßwaffe eines Ritters?
8. Wie heißt der Kerker innerhalb einer Burg?
9. Wie heißt der Hauptturm der Burg?
10. Wie hießen die Menschen, die Kunststücke vorführten und für Unterhaltung auf der Burg sorgten?

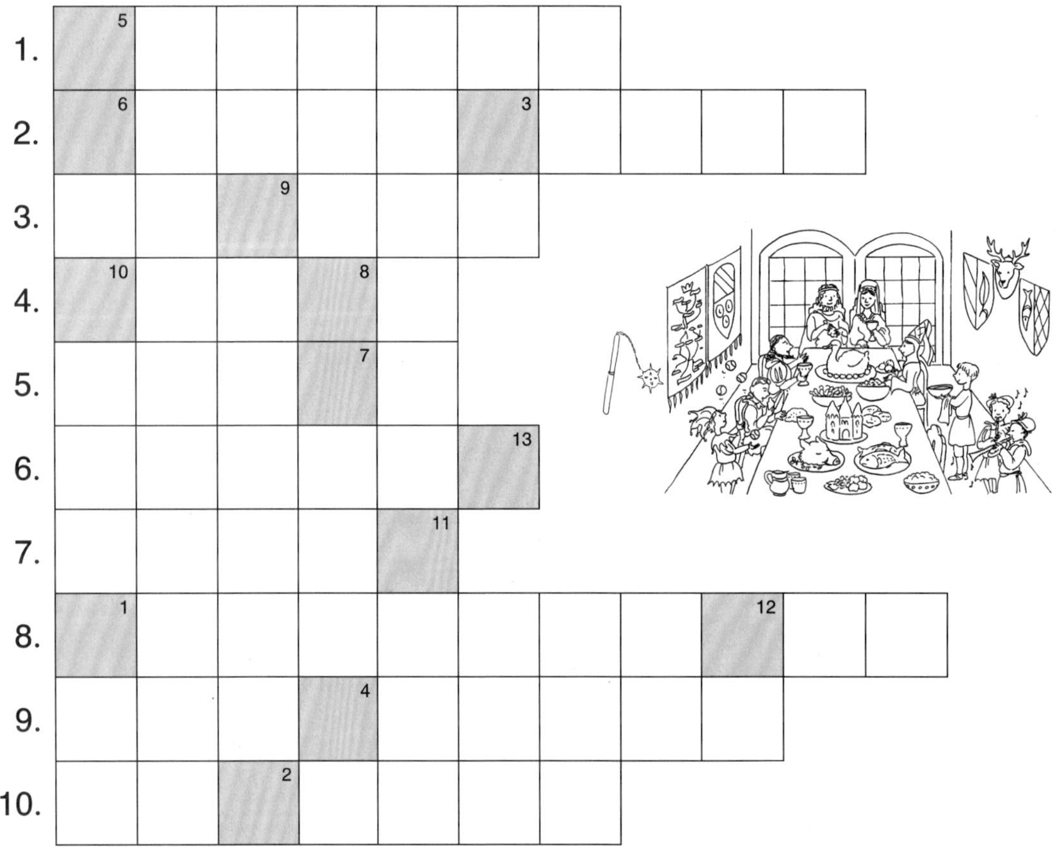

Lösung:

1	2	3	4	5	6	7	8	9	10	11	12	13

Teile einer Burg

Burgen sind häufig ein Ort in Büchern, Filmen oder Märchen.
Kennst du die Teile, die zu einer Burg gehören?
Verbinde.

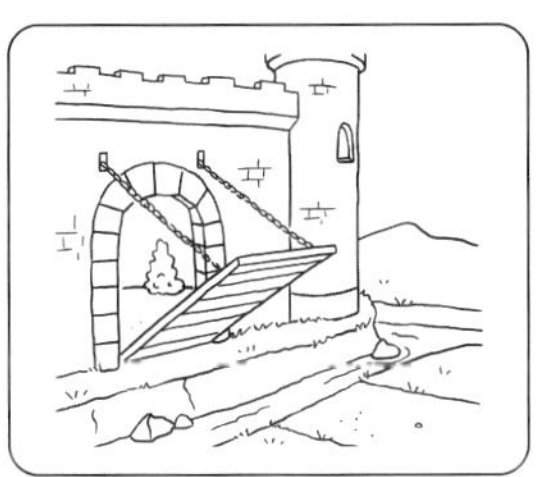

Palas

Sie konnte mithilfe von Eisenketten heraufgezogen werden. So konnten Feinde nicht in die Burg gelangen.

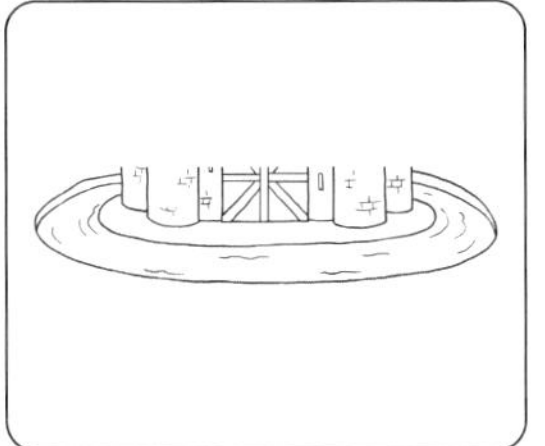

Zugbrücke

Dies war der schönste Teil der Burg. Hier befanden sich der Rittersaal, die Gemächer der Burgherren und die Burgküche.

Kemenate

Dies war der Hauptturm der Burg. Die Mauern waren besonders dick. Er diente als letzter Schutz vor Feinden.

Bergfried

So wurden die Frauengemächer auf der Burg genannt. Nur diese Räume waren heizbar. Oft war eine Kapelle angebaut.

Wassergraben

Er diente als Schutz vor Feinden oder gefährlichen Tieren.

Die Ritterrüstung

Ritter sind die Helden in vielen Filmen oder Büchern.
Beschrifte die Ritterrüstung.
Diese Wörter helfen dir:

Helm | Knieschützer | Fingerhandschuhe | Brustpanzer | Eisenschuhe
Schienbeinschützer | Ellenbogenschützer | Visier | Bauchreife
Achselstück | Kettenhemd

Für Profis: Wie wurden Jungen zum Ritter ausgebildet? Recherchiere im Internet oder in Sachbüchern und erzähle es einem anderen Kind.

Lösungen Sachunterricht

Brüder Grimm

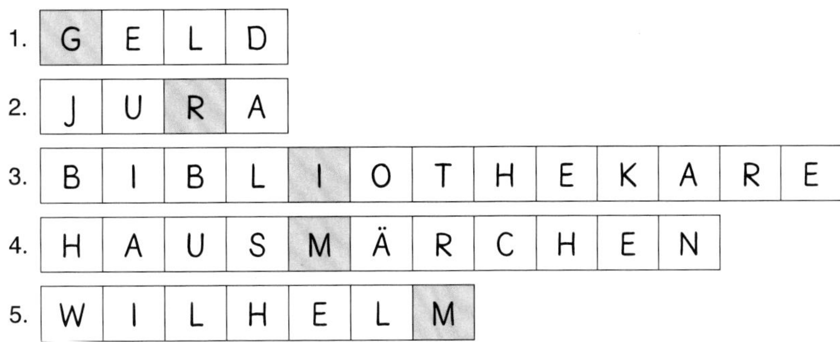

Lösungswort: *Grimm*

Hans Christian Andersen

② **Beantworte die Fragen.**

Welchen Beruf hatte der Vater? *Schuhmacher*

Welchen Beruf hatte die Mutter? *Wäscherin*

③ **Welche Märchen von Hans Christian Andersen sind hier abgebildet? Schreibe auf.**

Die kleine Meerjungfrau / Die Prinzessin auf der Erbse / Das hässliche Entlein

Leben auf einer Burg

Lösung:

B	U	R	G	F	R	A	E	U	L	E	I	N
1	2	3	4	5	6	7	8	9	10	11	12	13

Lösungen Sachunterricht

Teile einer Burg

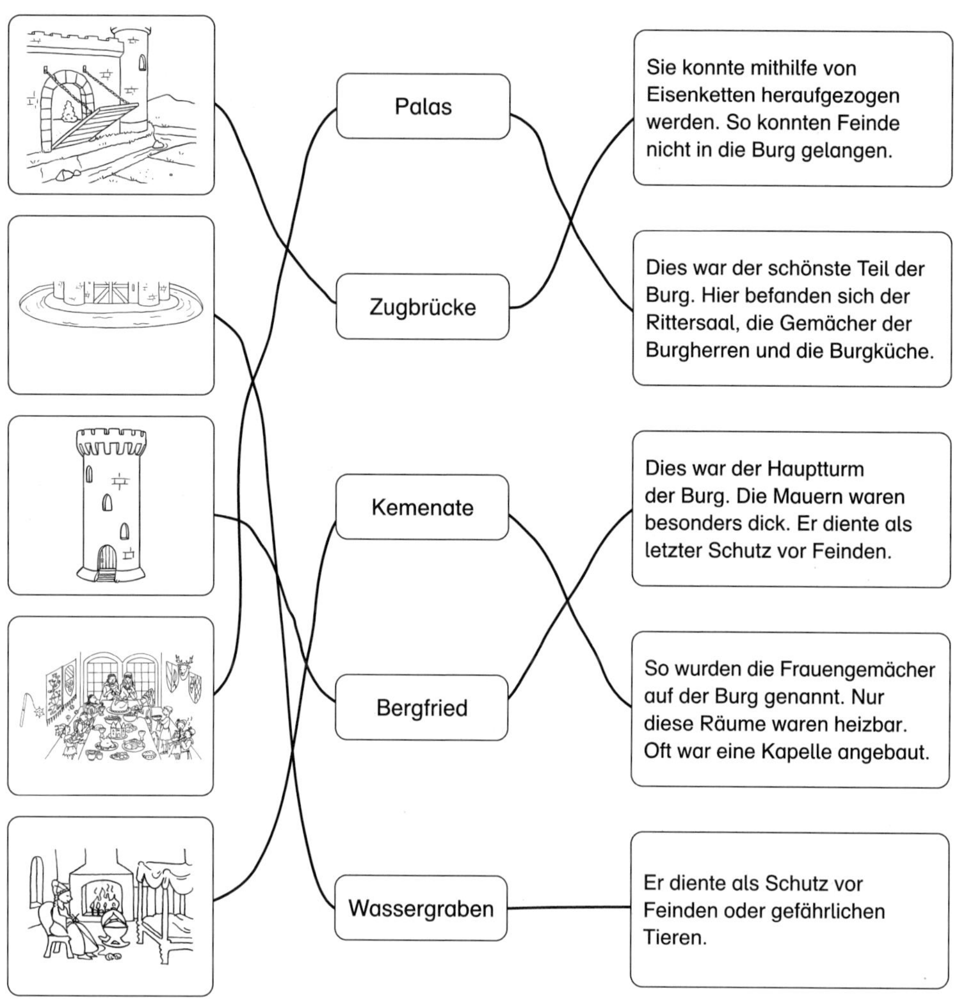

Die Ritterrüstung

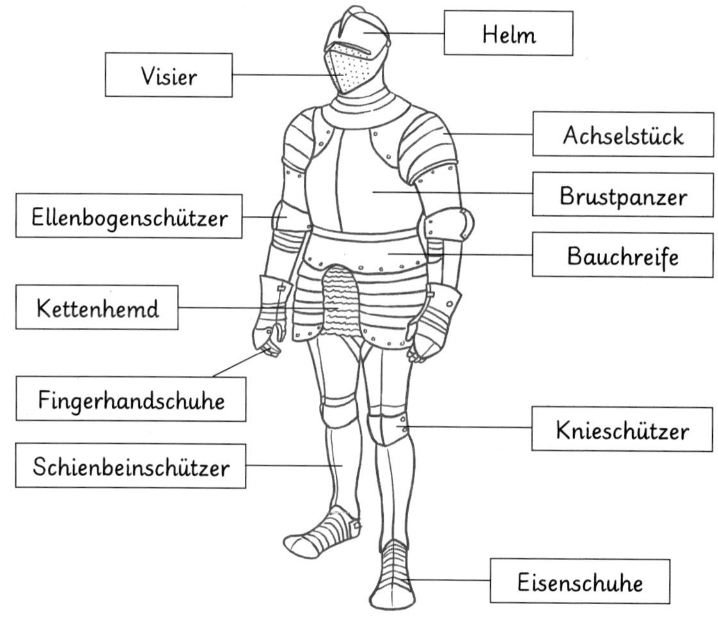

Fairy tale domino

① **Cut the cards.**

② **Stick them in the right order into your exercise book or play the domino.**

 king	 Snow White
 crown	 wizard
fairy tale / Red Riding Hood	 Cinderella
 **good job!**	 The Frog Prince
 castle	 witch
 well	 princess

Which word is it?

Tick the right box.

- ☐ witch
- ☐ dwarf
- ☐ step mother

- ☐ giant
- ☐ dwarf
- ☐ bride

- ☐ queen
- ☐ boy
- ☐ girl

- ☐ boy
- ☐ king
- ☐ girl

- ☐ dog
- ☐ donkey
- ☐ dragon

- ☐ frog
- ☐ cat
- ☐ dog

- ☐ cock
- ☐ cat
- ☐ horse

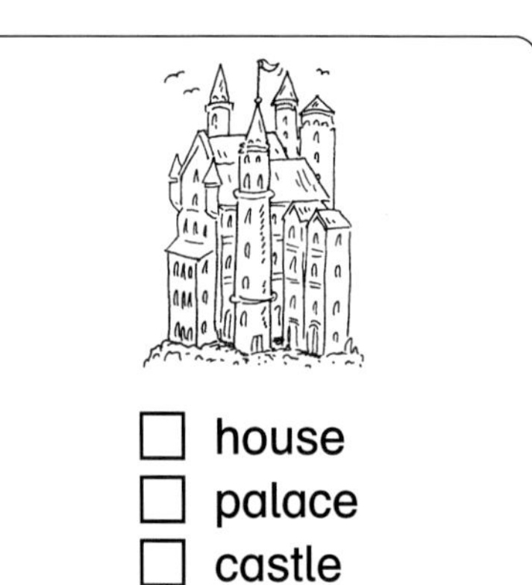

- ☐ house
- ☐ palace
- ☐ castle

- ☐ fortress
- ☐ lake
- ☐ forest

- ☐ house
- ☐ palace
- ☐ castle

- ☐ king
- ☐ girl
- ☐ queen

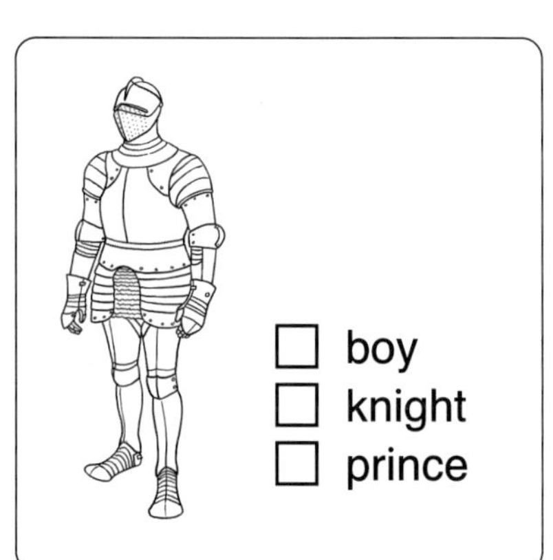

- ☐ boy
- ☐ knight
- ☐ prince

Paint Cinderella's shoe

Read and paint.

pink

purple

black

orange

red

yellow

blue

green

purple with a black stripe

brown with white dots

blue with green dots

red and yellow stripes

Crosswords puzzle

Write the right words.

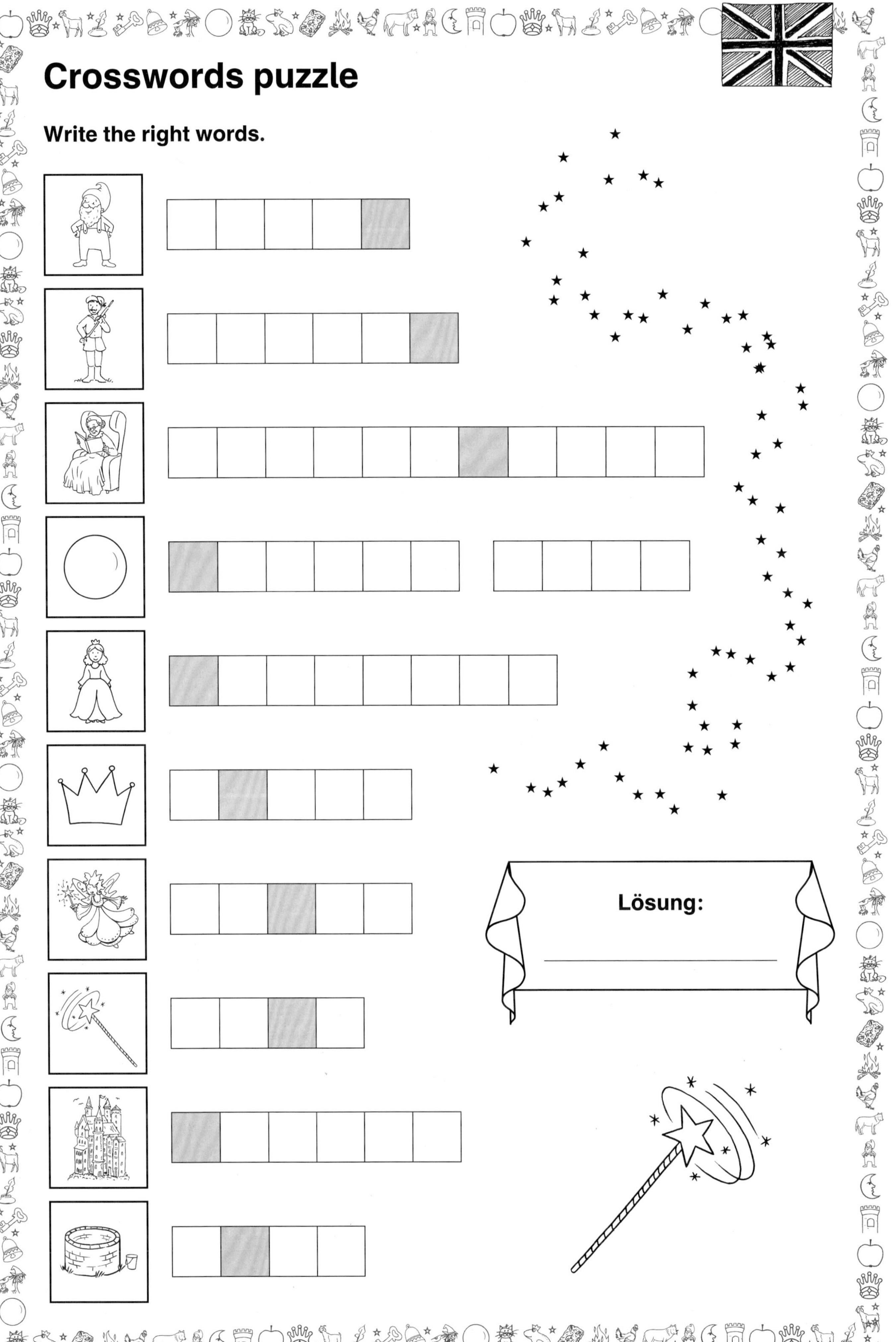

Fairy tale words

① **Connect.**

fairy	cock	dwarf	knight	hunter

② **Complete the words.**

c_st_e

we_ _

w_zar_

pr_ _c_ss

S_ow Wh_ _e

Frog logical

① **Which frog has a golden ball?**
② **Paint the pictures.**

the Frog Prince 1	the Frog Prince 2	the Frog Prince 3

1. The frog with the blue crown is next to the frog with the red crown.
2. One frog has a purple pillow and a orange ball.
3. One frog has a brown pillow and a pink crown.
4. The frog 1 has a blue crown.
5. One frog has a black pillow and a green ball.
6. The blue crown and the black pillow are together.

Lösung: ______________________________

Lösungen Englisch

Fairy tale domino

fairy tale	Red Riding Hood		Snow White		The Frog Prince
	crown		castle		wizard
	witch		well		Cinderella
	princess		king		**good job!**

Which word is it?

Lösungen Englisch

Crosswords puzzle

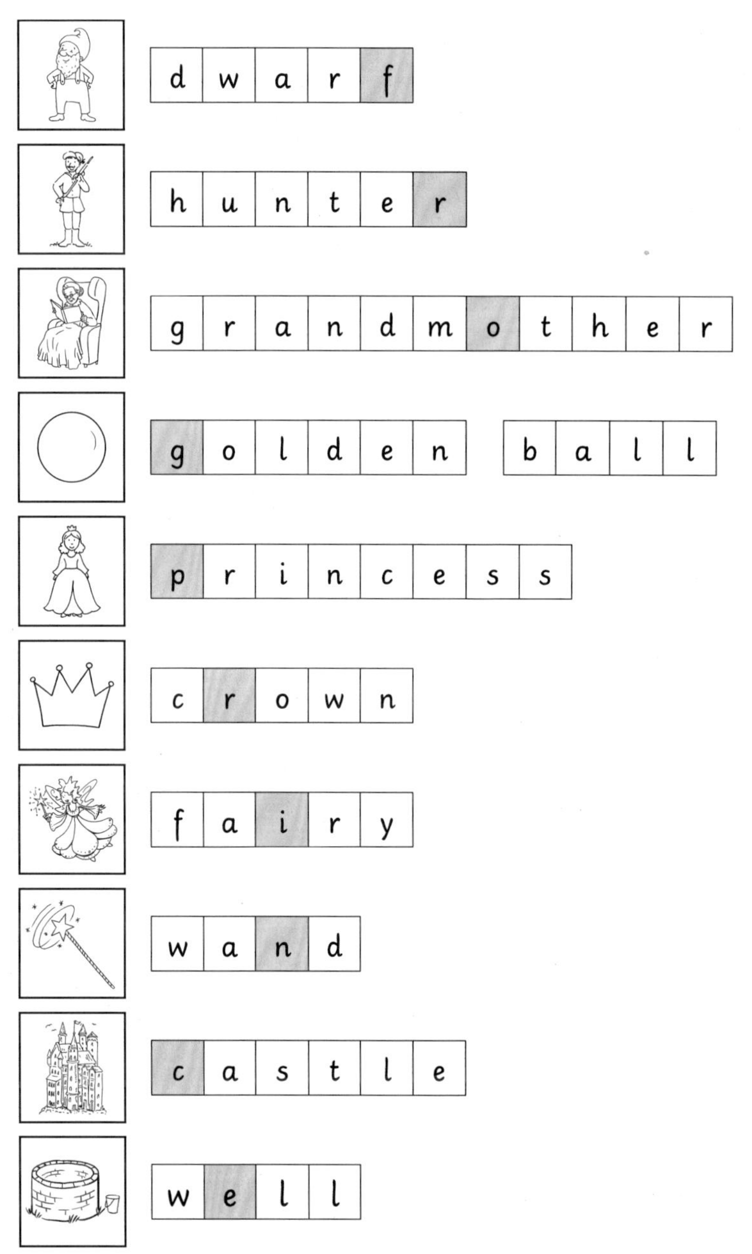

Lösung: *Frog Prince*

Lösungen Englisch

Fairy tale words

① **Connect.**

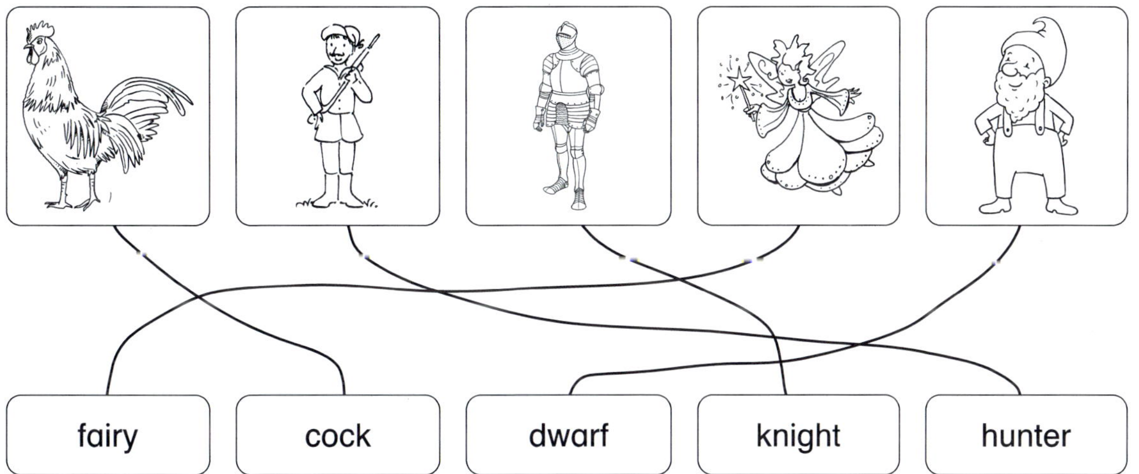

fairy	cock	dwarf	knight	hunter

② **Complete the words.**

Frog logical

Lösung: *Der Frosch 3 hat eine goldene Kugel.*

Schattentheater basteln 1

① **Bastle ein eigenes Schattentheater.**
② **Suche dir ein anderes Kind.**
③ **Spielt das Märchen „Der Wolf und die sieben Geißlein“ nach.**

Du brauchst:

- Schuhkarton ohne Deckel
- Schere
- Lineal
- Bleistift
- Klebestift
- Transparentpapier oder Seidenpapier
- Bogen schwarze Pappe
- Schaschlikspieße oder Strohhalme
- Klebestreifen
- Taschenlampe
- ggf. Farben

Das Bühnenbild:

1. Lege den Schuhkarton mit dem Boden nach oben vor dir hin.
2. Male mit einem Bleistift und einem Lineal einen Rahmen (ca. 2 cm breit) auf den Boden.
3. Schneide das Innere des Rahmens aus.
4. Du kannst das Äußere des Kartons anmalen, wenn du möchtest. Warte anschließend, bis die Farbe getrocknet ist. Tipp: Wenn du die Innenseite des Kartons schwarz ausmalst, kann man die Schatten deiner Figuren später besonders gut sehen!
5. Lege den Karton mit dem Boden nach unten auf ein Blatt Transparentpapier.
6. Male mit einem Bleistift außen den Kartonrand entlang.
7. Schneide das Rechteck aus.
8. Bestreiche den inneren Rahmen des Kartons mit Kleber und lege das Transparentpapier darauf.

Fertig ist dein Schattentheater!

Die Figuren und die Kulisse:

1. Schneide nun die Figuren und Gegenstände aus.
2. Übertrage sie auf schwarze Pappe.
3. Schneide sie aus und klebe sie mit einem Klebestreifen auf die Schaschlikspieße.

Nun kannst du das Märchen nachspielen!

Schattentheater basteln 2

Vorlagen

Schattentheater basteln 3

Vorlagen

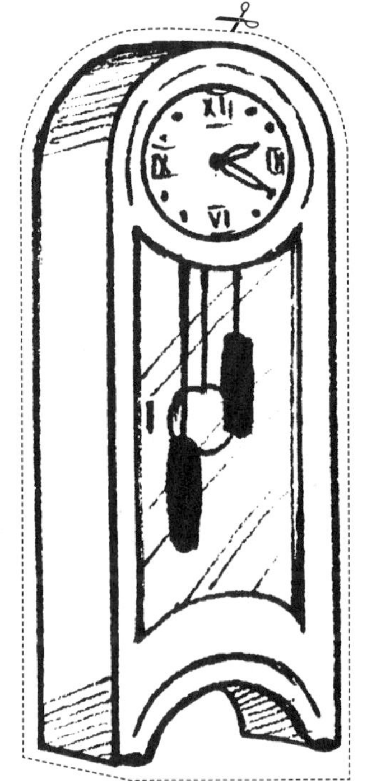

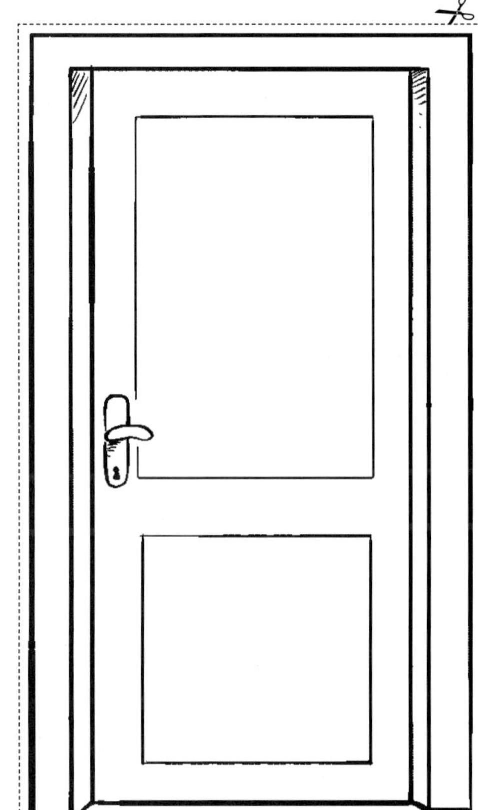

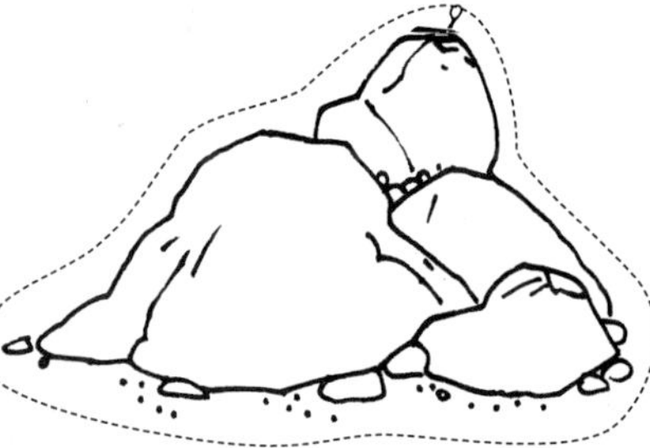

Froschkönig aus Zeitungspapier

Du brauchst:

- Zeitungspapier
- Bogen Pappe
- weißes Papier
- gelbes Papier
- Schere
- Klebstift
- Stift

So geht es:

1. Übertrage die Vorlage auf einen Bogen Pappe.
2. Nimm dir eine alte Zeitung und reiße eine Seite in kleine Schnipsel.
3. Klebe die Zeitungsschnipsel auf die Vorlage.
4. Klebe Auge und Nase aus weißem Papier auf.
5. Klebe die Krone aus gelbem Papier oder male sie gelb an.

Fertig ist der Froschkönig!

Matratzenturm aus Stoff

Du brauchst:

- Bogen festes Papier (DIN A4)
- Bogen braune Pappe
- Bogen weißes Papier
- Stoffreste
- Farben
- Klebstift
- Schere
- Stift

So geht es:

1. Nimm dir einen Bogen festes Papier für den Hintergrund.
2. Übertrage die Bettvorlage auf braune Pappe.
3. Schneide das Bett aus und klebe es an den unteren Rand des festen Papiers. Tipp: Nimm die schmale Seite, damit dein Bett möglichst hoch werden kann.
4. Schneide aus verschiedenen Stoffresten Matratzen zu, die auf das Bett passen.
5. Male die Prinzessin auf der Erbse auf weißes Papier.
6. Schneide sie aus und klebe sie auf die oberste Matratze.

Fertig ist das Bett der Prinzessin auf der Erbse!

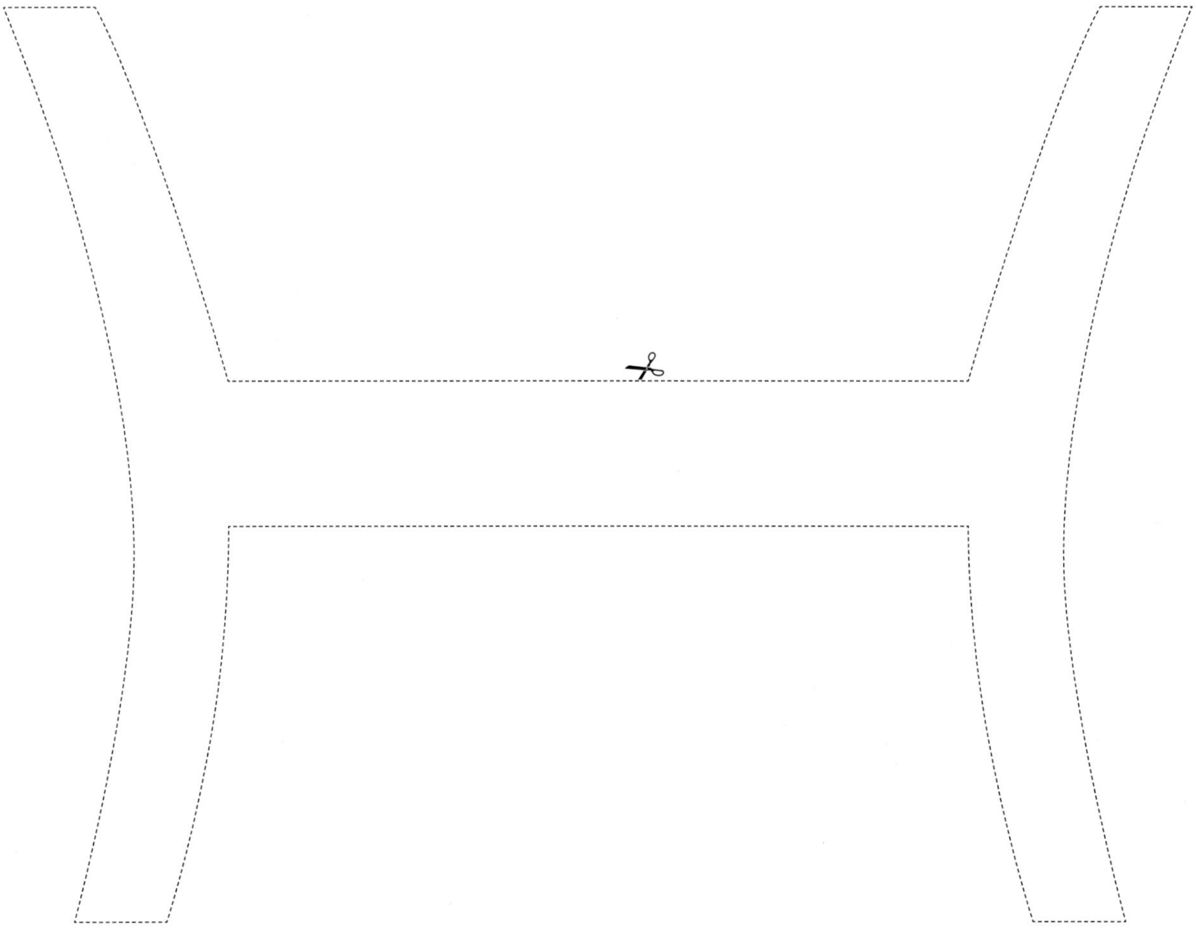

Gestiefelter Kater aus Glas

Du brauchst:

- graue Acrylfarbe
- schwarzes Moosgummi
- rotes Moosgummi
- Schraubglas mit Deckel (ca. 15 cm hoch)
- 2 weiße Plastikdeckel
- LED-Teelicht
- Klebstift
- Schere
- Stift

So geht es:

1. Tupfe mit einem Schwamm graue Farbe auf das Glas und lasse die Farbe anschließend trocknen.
2. Übertrage die Pfoten zweifach auf schwarzes Moosgummi und schneide sie aus.
3. Erstelle aus dem schwarzen Moosgummi auch zwei Ohren in Form von Dreiecken und eine herzförmige Katzennase. Schneide sie aus.
4. Schneide auch noch sechs Schnurrhaare zu.
5. Übertrage die Stiefel auf rotes Moosgummi und schneide sie aus.
6. Male auf die weißen Plastikdeckel mit einem Stift zwei Pupillen.
7. Klebe alles an das Glas.
8. Stelle das LED-Teelicht ins Glas.

Fertig ist der gestiefelte Kater!

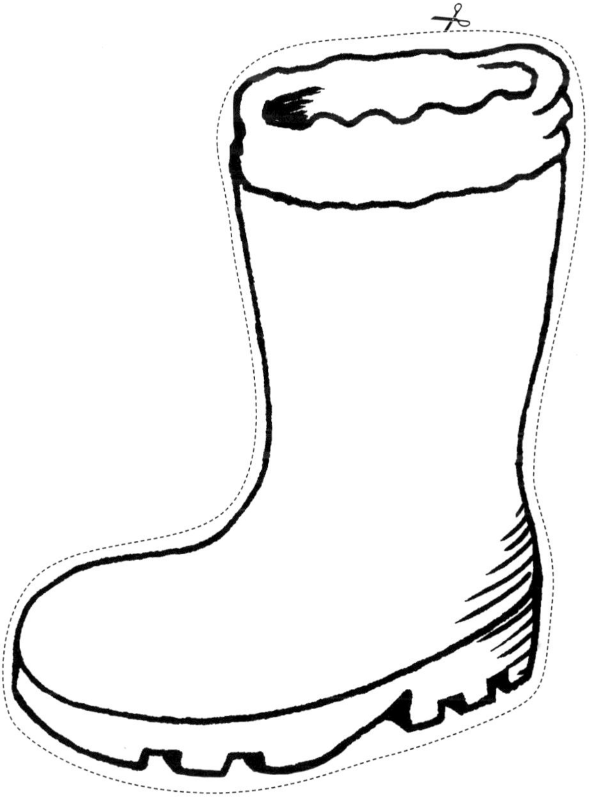
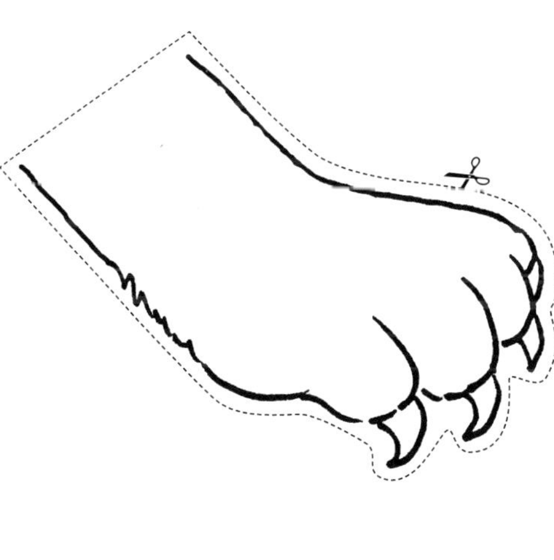

Frosch aus Papier

Du brauchst:

- grünes Papier (quadratisch)
- Schere
- Klebstift
- Augen (können auch mit schwarzem Filzstift auf weißes Papier gemalt und ausgeschnitten werden)
- rotes Papier für die Zunge

So geht es:

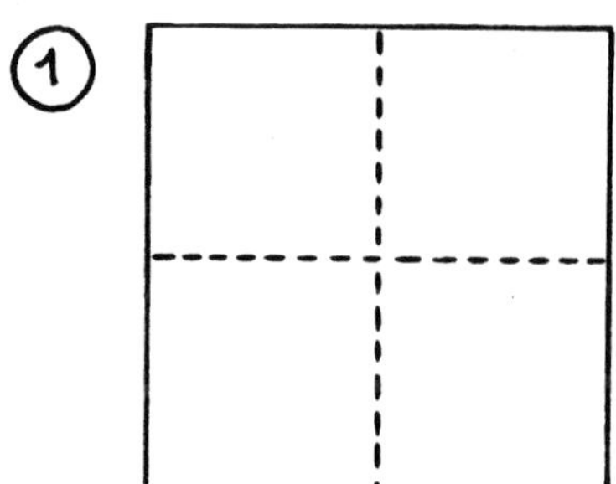

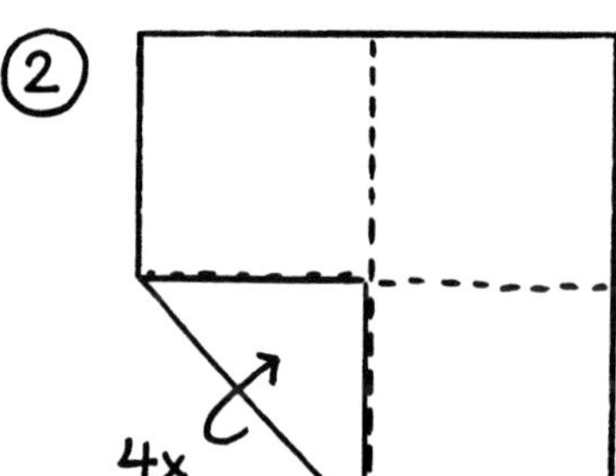

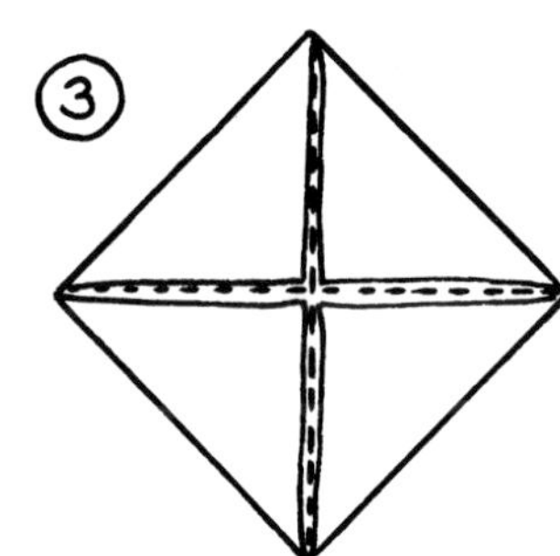

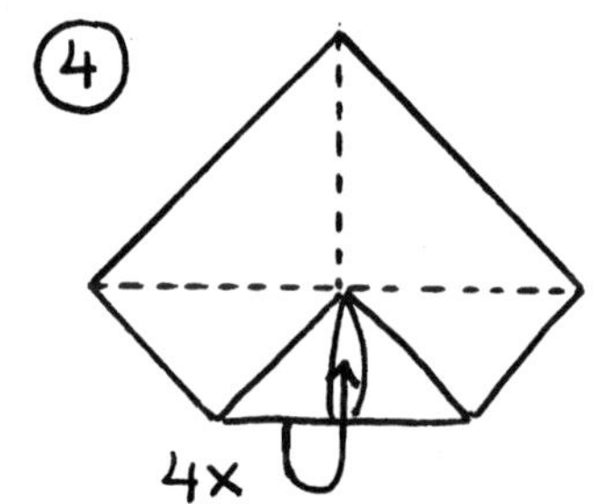

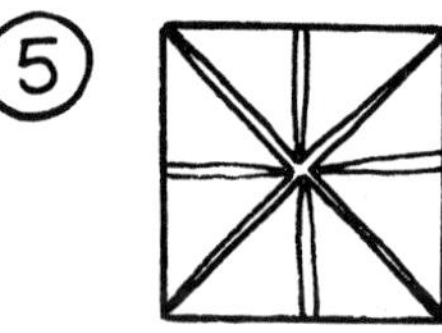

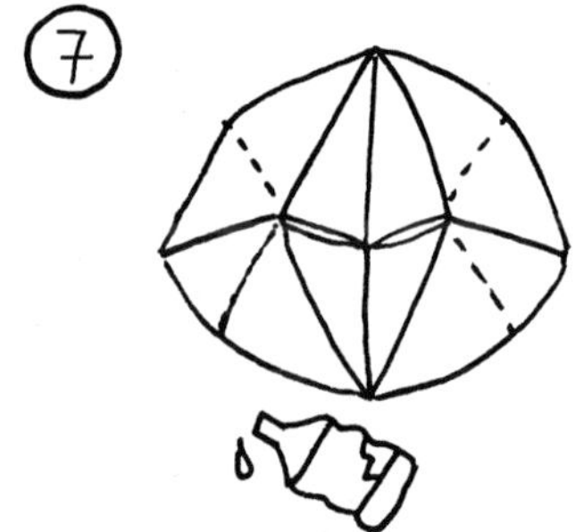

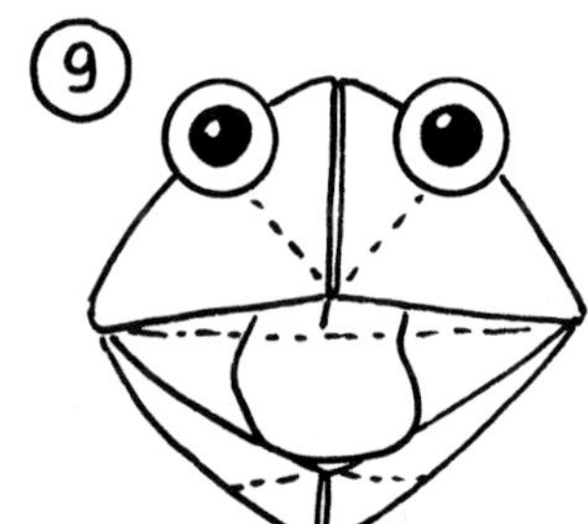

Klanggeschichte der kleinen Meerjungfrau 1

① **Lies das Märchen oder lasse es dir vorlesen.**

Die kleine Meerjungfrau

(Hans Christian Andersen)

Es lebte einmal ein Meerkönig mit seinen sechs Töchtern am Meeresgrund. Jede von ihnen durfte am fünfzehnten Geburtstag aus dem Meer emportauchen und sich die Welt der Menschen ansehen. Endlich durfte auch die jüngste Tochter zum allerersten Mal die Welt entdecken. Sie erblickte ein Schiff mit Menschen, die fröhlich den sechzehnten Geburtstag des Prinzen feierten. Verzückt beobachtete die kleine Meerjungfrau den Prinzen. Da zog ein schweres Unwetter heran. Das Schiff geriet in den Sturm und sank. Die kleine Meerjungfrau rettete den Prinzen und brachte ihn an einen Strand.

Doch sie konnte den Prinzen nicht vergessen. Gerne wäre sie auch ein Mensch gewesen. Da bat sie die unheimliche Meerhexe um Hilfe. Diese braute ihr einen Zaubertrank, warnte die Meerjungfrau aber: Anstelle ihres Schwanzes würde sie schöne Beine bekommen, doch jeder Schritt würde ihr fürchterliche Schmerzen verursachen.

So, als ginge sie über scharfe Messer. Außerdem könne sie nie wieder ins Meer zurückkehren. Sollte der Prinz eine andere heiraten und die Liebe der kleinen Meerjungfrau verschmähen, würde sie sterben.

Die kleine Meerjungfrau war bereit, dies alles auf sich zu nehmen, und willigte ein.

Als Belohnung verlangte die Hexe ihre Stimme.

Der Prinz aber sollte die Tochter des Nachbarkönigs heiraten. Die Hochzeit sollte auf einem Schiff stattfinden. Da tauchten die Schwestern der kleinen Meerjungfrau auf und gaben der kleinen Schwester ein Messer. Sie sollte es in das Herz des Prinzen stoßen, dann würde die Hexe sie von dem Zauber befreien.

Die kleine Meerjungfrau brachte es nicht über sich, den Prinzen zu töten. Sie stürzte sich ins Meer und ihr Körper löste sich in Schaum auf.

② **Welche Eigenschaften haben die Figuren des Märchens? Schreibe.**

Die kleine Meerjungfrau: ______________________

Der Prinz: ______________________

Die Hexe: ______________________

Die Schwestern: ______________________

Klanggeschichte der kleinen Meerjungfrau 2

① Entwickele Klänge zum Märchen. Du kannst nutzen:

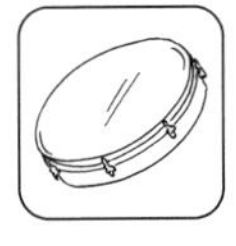 Handtrommel

 Schellenring

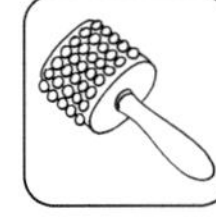 Cabasa

 Glockenspiel

 Holzblocktrommel

 in die Hände klatschen

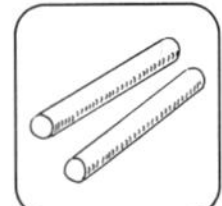 Klanghölzer

 Rassel

 mit den Fingern schnipsen

 Xylofon

 Guiro

 mit Laub rascheln

 Triangel

 Blockflöte

 die Stimme einsetzen

 Glöckchen

 Tamburin

② Womit kannst du noch Geräusche und Klänge erzeugen? Male und schreibe.

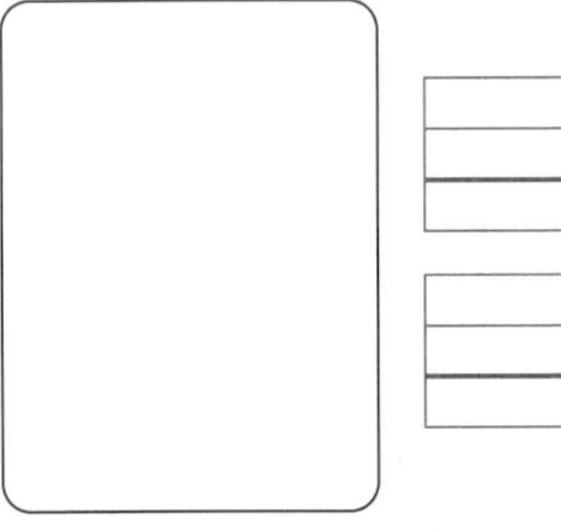

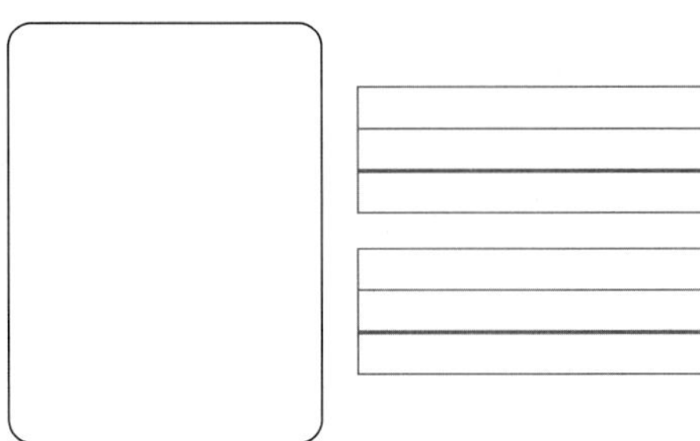

Klanggeschichte der kleinen Meerjungfrau 3

Befülle die Tabelle.

		So kann der Klang entstehen:
Die kleine Meerjungfrau lebt im Meer.	Meeresrauschen	in eine Rahmentrommel Kieselsteine füllen und langsam hin und her bewegen

Hänsel und Gretel zum Mitsingen

**Lest den Text. Sicher kennt ihr die Melodie, oder?
Singt gemeinsam das Lied.**

① Hänsel und Gretel verliefen sich im Wald.
Es war so finster und auch so bitterkalt.
Sie kamen an ein Häuschen von Pfefferkuchen fein.
Wer mag der Herr wohl von diesem Häuschen sein?

② Hu, hu, da schaut eine alte Hexe raus!
Lockte die Kinder ins Pfefferkuchenhaus.
Sie stellte sich gar freundlich, o Hänsel, welche Not!
Ihn wollt' sie braten im Ofen braun wie Brot.

③ Doch als die Hexe zum Ofen schaut hinein,
Ward sie gestoßen von unserm Gretelein.
Die Hexe musste braten, die Kinder gehn nach Haus.
Nun ist das Märchen von Hans und Gretel aus.